Karl Lahmer

γραμματεῖον

Grammateion

Griechische Lerngrammatik – kurzgefaßt

Ernst Klett Schulbuchverlag Leipzig
Leipzig Stuttgart Düsseldorf

Grammateion

Griechische Lerngrammatik – kurzgefaßt

von Dr. Karl Lahmer, Siezenheim b. Salzburg

Unter Mitwirkung der Verlagsredaktion Alte Sprachen
Mitarbeit an diesem Buch:
Dr. Helmut Schareika (Verlagsredakteur)

Das Kapitel 5.1 wurde – geringfügig verändert – dem „Grund- und Aufbauwortschatz Griechisch" von Thomas Meyer und Hermann Steinthal (Klettbuch 6632) entnommen.

1. Auflage 1 22 21 20 19 18 | 2017 16 15 14 13 12

Alle Drucke dieser Auflage können im Unterricht nebeneinander benutzt werden, sie sind untereinander unverändert. Die letzte Zahl bezeichnet das Jahr dieses Druckes.

Internetadresse: http://www.klett.de

Umschlag: M. Muraro
Satz: Lihs, Satz und Repro, Ludwigshafen
Druck: medienHaus Plump GmbH, 53619 Rheinbreitbach

ISBN 3-12-670170-1

Inhalt

Eine Aufschlüsselung des Inhalts im einzelnen ermöglicht das Register auf S. 68 ff.

0 Einleitung

In dieser Grammatik wird versucht, den Stoff schwerpunktmäßig zu differenzieren. Die in der Schullektüre selten vorkommenden Formen und syntaktischen Erscheinungen, in Schul-Textausgaben meist ohnehin erklärt, werden nicht ausführlich besprochen, z. B. die attische Deklination, die Zahlen, der Imperativ der 3. Person, die Verba auf -όω, das Imperfekt der Verba auf -μι. Andererseits wird versucht, die wichtigen sprachlichen Erscheinungen hervorzuheben, z. B. ist εἰμί (ich bin) aufgrund seiner Wichtigkeit den Konjugationsübersichten vorangestellt, ein übersichtliches Schema soll die Pronomina leichter einprägbar machen, die Grundbedeutungen der Verb-Präfixe und Präpositionen sind zusammengefaßt, die am häufigsten vorkommenden „unregelmäßigen" Verbalstammformen sind alphabetisch geordnet, unter den Abschnitten „Merke" finden sich Zusammenfassungen leicht verwechselbarer Wörter sowie von Formen, die mehrere Bedeutungen haben.
Die syntaktischen Beschreibungen versuchen, eine funktionale Sprachbetrachtung zu provozieren. Die Funktion von Infinitiv, Partizip, Medium und Tempus-Aspekt bietet einen Einblick in die Sinnakzentuierungen, die der griechischen Sprache zueigen sind; sie helfen auch, das Wesen dieser Sprache verstehen zu lernen. Die Kenntnis der wichtigsten Lautgesetze soll eine kognitive Strukturierung vieler sprachlicher Erscheinungen ermöglichen und ein assoziatives und sinnvoll-rezeptives Lernen anregen.
Ziel von *Grammateion* ist somit nicht eine vollständige Darstellung der griechischen Grammatik, sondern eine Hilfestellung für den Lernenden, das Wesentliche vom Unwesentlichen zu trennen, um sich in der zumeist kurzen Zeit, die heute für das Studium der griechischen Sprache zur Verfügung steht, eine Strategie der Mustererkennung, des Lückenlernens aneignen zu können.
Die Stoffdifferenzierung stützt sich auf statistische Untersuchungen, in denen die im Schulkanon gängigen Texte (Stellen aus Xenophons *Anabasis,* aus den wichtigsten *Dialogen* Platons, den wichtigsten *Tragödien* des Sophokles) analysiert wurden. Den Ausgangspunkt für die Überlegungen der Stoffdifferenzierung bildet die Erkenntnis, daß unser Gehirn die Fähigkeit besitzt, etwas Wahrgenommenes trotz Fehlen von Teilen zu einem Ganzen zu ergänzen; bei der Speicherung von Information besitzt unser Gedächtnis außerdem die Fähigkeit, Wesentliches von Unwesentlichem zu abstrahieren; die flexible Anpassungsfähigkeit des Selektionsmechanismus kann allerdings nur dann gut funktionieren, wenn die wesentlichen Merkmale gut gespeichert sind. Diese wesentlichen Merkmale sind in dieser Grammatik zusammengefaßt. Erfahrungen mit *Grammateion* bestätigen die oben angeführte Hypothese (der Verfasser konnte diese Grammatik sowohl am Gymnasium als auch an Universitätskursen erproben): Die Konzentration auf das Wesentliche beeinträchtigt nicht die Übersetzungsfähigkeit, im Gegenteil – der Blick auf das Wesentliche wird geschult, was die Übersetzungsfähigkeit positiv beeinflußt.

Das Konzept dieser Grammatik entsprang letztlich zwei Reduktionserscheinungen, denen der Griechischunterricht seit Jahren ausgesetzt ist. Diese Reduktionserscheinungen müssen auch von seiten der Lehrmittel berücksichtigt werden:
1. Die Reduktion der Unterrichtsstunden;
2. die Zunahme inner- und außerschulischer Lern- und Interessensbereiche der Schüler/innen, die der Aufnahmekapazität in den einzelnen Bereichen zunehmend Grenzen setzt.
Beiden Reduktionen kann man nur dann einigermaßen effektiv begegnen, wenn alle lernpsychologischen und didaktischen Erkenntnisse ausgenutzt werden, – und wenn engagierte Lehrer auch den Mut zur Lücke haben. **

Hinweise für die Benutzer der Grammatik

So weit als möglich wurde *Grammateion* als Lerngrammatik zum Lehrbuch *„Kantharos“* (Klettbuch Nr. 6701) konzipiert; daher wurden auch die meisten Beispiele diesem Werk entnommen. *Grammateion* kann jedoch auch zu jedem anderen Griechischlehrbuch als Lerngrammatik verwendet werden. Die folgenden Hinweise sind wichtig für den intendierten effektiven Umgang mit dieser Lerngrammatik:

Alle unter **„Information“** gestellten Beschreibungen bereiten die Lernenden auf das folgende Grammatikkapitel vor; sie schaffen einen strukturierten Zugang, Teile der Sprache ökonomisch und systematisch mit bereits Bekanntem zu verknüpfen.

Alle unter **„Merke“** zusammengefaßten Beschreibungen weisen auf wichtige Erscheinungen des entsprechenden Kapitels hin. Hier wird auch darauf hingewiesen, wenn der Akzent für die Wortdifferenzierung wichtig ist.

Unter **„Beachte“** sind insbesondere alle sogenannten „unregelmäßigen“ Formen zusammengestellt.

Kleindruck: Alle kleingedruckten Teile sind aufgrund der statistischen Untersuchungen als selten vorkommende sprachliche Erscheinungen ausgewiesen oder enthalten vertiefende Hinweise.

A (für **Additum**): Hinweise auf weitere sprachliche Erscheinungen, die nicht zum Basislernstoff gehören.

Abkürzungen

AcI	Akkusativ mit Infinitiv	Med.	Medium
Akk. (A.)*	Akkusativ	n.	neutrum
Akt.	Aktiv	Nom. (N.)*	Nominativ
Aor.	Aorist	Part.	Partizip
Dat. (D.)*	Dativ	Pass.	Passiv
enkl.	enklitisch (→ 1.2)	Perf.	Perfekt
f.	femininum	Pl.	Plural
Gen. (G.)*	Genitiv	Präs.	Präsens
Imp.	Imperativ	Pron.	Pronomen
Impf.	Imperfekt	Sg.	Singular
Ind.	Indikativ	St.	Stamm
Inf.	Infinitiv	Subst.	Substantiv
KA	Kasusausgang (Endung)	<	entstanden aus
m.	maskulinum	>	wird zu

---

* in Tabellen

** *Literatur:*

K. Lahmer: *Stoffdifferenzierung im Elementarunterricht – Griechisch,* in: IANUS Informationen zum Altsprachlichen Unterricht 9 (1987/1988), 8–12.

K. Lahmer: *Gedächtnisleistungen beim Übersetzen,* in: AU 1989 (1), 90–94.

1 Schrift

1.1 Alphabet

Klein-buchstaben	Groß-buchstaben	Laut	Name		Umschrift
α	**Α**	ă, ā	ἄλφα	Alpha	a
β	**Β**	b	βῆτα	Beta	b
γ	**Γ**	g[1]	γάμμα	Gamma	g (n)
δ	**Δ**	d	δέλτα	Delta	d
ε	**Ε**	ĕ	ἒ ψιλόν	Epsilon	e
ζ	**Ζ**	ds	ζῆτα	Zeta	z
η	**Η**	ǟ	ἦτα	Eta	e
θ	**Θ**	th	θῆτα	Theta	th
ι	**Ι**	ĭ, ī	ἰῶτα	Iota	i
κ	**Κ**	k	κάππα	Kappa	k
λ	**Λ**	l	λάμβδα	Lambda	l
μ	**Μ**	m	μῦ	My	m
ν	**Ν**	n	νῦ	Ny	n
ξ	**Ξ**	ks	ξῖ	Xi	x
ο	**Ο**	ŏ	ὂ μικρόν	Omikron	o
π	**Π**	p	πῖ	Pi	p
ρ[2]	**Ρ**[2]	r	ῥῶ	Rho	r; rh
σ, ς[3]	**Σ**	s	σῖγμα	Sigma	s
τ	**Τ**	t	ταῦ	Tau	t
υ	**Υ**	ŭ, ū (ü)	ὖ ψιλόν	Ypsilon	y
φ	**Φ**	ph[4]	φῖ	Phi	ph
χ	**Χ**	kh[5]	χῖ	Chi	ch
ψ	**Ψ**	ps	ψῖ	Psi	ps
ω	**Ω**	ō[6]	ὦ μέγα	Omega	o

1) n vor γ,κ,ξ: ἄγγελος ángelos, Σφίγξ Sphinx
2) Am Wortanfang: ῥ, Ῥ
3) Im Anlaut und Inlaut steht σ, am Wortende ς: σεισμός seismós.
4) Schulaussprache: f
5) Schulaussprache: ch
6) geschlossen

σχ nie wie sch, sondern getrennt: σχῆμα = s-chema.

Schon früh verstummte im attischen Dialekt das F = w (nach seiner Form Digamma = Doppelgamma genannt) und wurde dann nicht mehr geschrieben.
Seine Spuren sind manchmal noch zu erkennen; vgl. 4.1.

Diphthonge

au	**αυ**
ai	**αι**
eu	**ευ, ηυ** (gespr. e-u, ä-u)
ei	**ει** (wie in engl. „say“)
u	**ου**
oi	**οι**

Iota subscriptum:

Nach langen Vokalen wird das Iota unter den Vokal geschrieben; dieses Iota wird nicht ausgesprochen:
ᾳ, ῃ, ῳ

Iota adscriptum: Bei großgeschriebenen Wörtern wird das Iota neben dem Vokal geschrieben (nicht ausgesprochen): Αι, Ηι, Ωι

1.2 Akzente und andere Zeichen

Akzente zeigen die Betonung des Wortes an:

a. *Akut ´:* κόσμος (Ordnung, Weltall), σοφός (weise), ἄνθρωπος (Mensch)

Ein Akut kann auf der letzten, vorletzten oder drittletzten Silbe stehen.

b. *Gravis `:* καὶ λόγος (und ein Wort).

Ein Gravis steht nur auf der letzten Silbe, und zwar dann, wenn ein Wort folgt.

c. *Zirkumflex ~:* Θαλῆς (Thales), τοῦτο (dieses)

Ein Zirkumflex kann nur auf einer langen Silbe stehen, und zwar auf der letzten oder vorletzten; auf der vorletzten nur, wenn die letzte Silbe kurz ist.

Vokalisch anlautende Wörter tragen eines der folgenden Zeichen:

d. *Spiritus asper ʽ :* Der „Spiritus asper" („rauher Hauch") entspricht unserem „h" – Ἑρμῆς (Hermes), ὕπνος (Schlaf), ῥήτωρ (Redner).
Der Spiritus asper steht nur, wenn ein Wort mit einem Vokal oder Diphthong (oder ρ) beginnt.

e. *Spiritus lenis ʼ :* Der „Spiritus lenis" („weicher Hauch") wird nicht ausgesprochen: Ἀναξίμανδρος (Anaximander), ἐγώ (ich), οὐρανός (Himmel).

f. *Trema ¨ :* Das Trema kennzeichnet, daß zwei Vokale nicht als Diphthong, sondern getrennt zu sprechen sind: Ἀτρεΐδης.

g. *Satzzeichen:* Punkt __.__ Komma __,__ Fragezeichen __;__ Kolon (Hochpunkt) __·__ (entspricht Doppelpunkt und Semikolon).

ATONA: Jedes griechische Wort hat normalerweise *einen* Akzent. Manche einsilbigen Wörter haben keinen Akzent (= Atona); z. B.: ὁ, ἡ, οἱ, αἱ (Artikel); ἐν, εἰς, ἐκ (Präpositionen).

ENKLITIKA: Enklitika sind Wörter, die keinen eigenen Akzent haben; sie *lehnen sich* an das vorherstehende Wort *an*. Dadurch kann es vorkommen, daß das vorherstehende Wort zwei Akzente bekommt: φιλόσοφός ἐστιν. ζῷόν ἐστιν. Es kann in bestimmten Fällen auch ein Stützakzent auf dem enklitischen Wort stehen: κόσμοι εἰσίν.

Deklinationen 2

a. *Numeri:* Wie im Deutschen gibt es den *Singular* (Sg.) und den *Plural* (Pl.); daneben kommt auch ein *Dual* (Zweizahl) vor.

b. *Genera – Artikel:* Wie im Deutschen gibt es *drei Genera* (grammatische Geschlechter, m.f.n.). Durch die Artikel ὁ ἡ τό ist es meistens sehr einfach, das Genus eines Substantivs zu erkennen. Der Artikel steht im Griechischen als bestimmter Artikel

- bei einem Substantiv *oder* Eigennamen: ὁ κόσμος – der Kosmos; ὁ Σωκράτης – (der bekannte) Sokrates;
- bei einem Adjektiv, Adverb oder Infinitiv bzw. Partizip: ὁ καλός – der Schöne; οἱ νῦν – die heutigen Menschen; τὸ παιδεύειν – das Erziehen; οἱ λέγοντες – die Redenden.

Der Artikel dient auch zur Gliederung von Sätzen: ὁ μέν ... ὁ δέ ... – der eine ... der andere ...; ὁ δέ – der aber.
Der Artikel steht normalerweise nicht

- bei Prädikatsnomina (Prädikatsergänzungen): ὁ κόσμος ζῷόν ἐστιν – der Kosmos ist ein belebtes Wesen;
- beim 2. (sog. doppelten) Akkusativ: Ἀναξίμανδρος τοὺς οὐρανοὺς θεοὺς νομίζει – Anaximander hält die Himmel für Götter.

c. *Kasus:* Es gibt *fünf Kasus* (Fälle) – Nominativ (Nom.), Genitiv (Gen.), Dativ (Dat.), Akkusativ (Akk.) und Vokativ: Der Vokativ ist häufig gleich dem Nominativ und durch die Interjektion ὦ erkennbar.

d. *Deklinationsgruppen:* Wir unterscheiden *drei Gruppen:* die O-Deklination, die A-Deklination und die dritte Deklination.
Es werden Wortstock (Wurzel oder Stamm) und Kasusausgang (KA, Endung) unterschieden: κόσμ–ος, ψυχ–ή, φύλακ–ες. Der Kasusausgang geht bei der O-/A-Deklination und bei einigen Paradigmen der 3. Deklination mit dem davorstehenden Vokal eine Verbindung ein.

2.1 Substantiva

2.1.1 O-Deklination

Zur O-Deklination gehören die Substantiva auf -ος (in der Regel Maskulina) und auf -ον (Neutra).

	Maskulina		Neutra		Kontrakta	
	Artikel	Wurzel + KA	Artikel	Wurzel + KA		
Sg. N.	**ὁ**	κόσμ-**ος**	**τὸ**	ἄστρ-**ον**	νό-ος	> νοῦς
G.	**τοῦ**	κόσμ-**ου**	τοῦ	ἄστρ-**ου**	νό-ου	> νοῦ
D.	**τῷ**	κόσμ-**ῳ**	τῷ	ἄστρ-**ῳ**	νό-ῳ	> νῷ
A.	**τὸν**	κόσμ-**ον**	**τὸ**	ἄστρ-**ον**	νό-ον	> νοῦν
Pl. N.	**οἱ**	κόσμ-**οι**	**τὰ**	ἄστρ-**α**	νό-οι	> νοῖ
G.	**τῶν**	κόσμ-**ων**	τῶν	ἄστρ-**ων**	νό-ων	> νῶν
D.	**τοῖς**	κόσμ-**οις**	τοῖς	ἄστρ-**οις**	νό-οις	> νοῖς
A.	**τοὺς**	κόσμ-**ους**	**τὰ**	ἄστρ-**α**	νό-ους	> νοῦς
	Ordnung		Stern		Verstand	

- Der Artikel wird im Neutrum Sg. Nom. und Akk. ohne -ν gebildet (= pronominale Endung).
- Akk. und Nom. sind im Neutrum immer gleich: Sg. -ον, Pl. -α.

Ein **Subjekt** im **Neutrum Plural** hat in der Regel ein **Prädikat im Singular: τὰ** ζῷ**α** ψυχὰς ἔχ**ει** – Lebewesen haben Seelen („kollektiver Singular").

- *Feminina der O-Deklination* (Dekl. wie κόσμος):

ἡ βίβλος (Buch), ἡ νῆσος (Insel), ἡ νόσος (Krankheit), ἡ ὁδός (Weg), ἡ ψῆφος (Stimmstein) u. a.
Weitere Femina der O-Deklination sind z. B.: Bäume, Länder, Insel, Städte.

2.1.2 A-Deklination

Zur A-Deklination gehören die Substantiva auf -η und -α (Feminina), außerdem die Substantiva auf -ης (Gen. -ου) und -ας (Gen. -ου). Die Maskulina der A-Deklination unterscheiden sich von den Feminina nur im Nominativ und Genitiv Singular.

	Feminina			
	Artikel	1) -η, -ης	2) -ᾱ, -ᾱς	3) -ᾰ, -ης
Sg. N.	ἡ	ψυχ-**ή**	ἀνδρεί-**ᾱ**	δόξ-**ᾰ**
G.	**τῆς**	ψυχ-**ῆς**	ἀνδρεί-**ας**!	δόξ-**ης**
D.	**τῇ**	ψυχ-**ῇ**	ἀνδρεί-**ᾳ**	δόξ-**ῃ**
A.	**τὴν**	ψυχ-**ήν**	ἀνδρεί-**αν**	δόξ-**ᾰν**
Pl. N.	**αἱ**	ψυχ-**αί**	ἀνδρεῖ-**αι**	δόξ-**αι**
G.	**τῶν**	ψυχ-**ῶν**	ἀνδρει-**ῶν**	δοξ-**ῶν**
D.	**ταῖς**	ψυχ-**αῖς**	ἀνδρεί-**αις**	δόξ-**αις**
A.	**τὰς**	ψυχ-**άς**	ἀνδρεί-**ας**!	δόξ-**ας**
		Seele	Tapferkeit	Ruhm

	Maskulina			
	1) -ης, -ου		2) -ᾱς, -ου	
	Sg.	Pl.	Sg.	Pl.
N.	ὁπλίτ-**ης (ὁ)**	ὁπλῖτ-**αι**	νεανί-**ᾱς**! **(ὁ)**	νεανί-**αι**
G.	ὁπλίτ-**ου**	ὁπλιτ-**ῶν**	νεανί-**ου**	νεανι-**ῶν**
D.	ὁπλίτ-**ῃ**	ὁπλίτ-**αις**	νεανί-**ᾳ**	νεανί-**αις**
A.	ὁπλίτ-**ην**	ὁπλίτ-**ας**	νεανί-**αν**	νεανί-**ας**!
	Schwerbewaffneter		junger Mann	

- Gen. Pl. ist endbetont: -ῶν < -άων.
- Endet die Wurzel auf ε, ι oder ρ (ἀνδρε**ί**-α), tritt als Bildevokal statt η ein langes ᾱ auf (siehe Sg. von ἀνδρεία und νεανίας), nach ι im Nom. auch ein kurzes α (z. B. ἀπάθειᾰ, Gen. ἀπαθείᾱς usw.)
- Steht im Nom. Sg. ein kurzes α, jedoch nicht nach ε, ι oder ρ, dann lauten die Endungen im Sg.: -α, -ης, -ῃ, -αν (siehe δόξᾰ).
- Die Maskulina der A-Deklination haben den maskulinen Artikel:
ὁ ὁπλίτης, τοῦ ὁπλίτου, τῷ ὁπλίτῃ ...

2.1.3 3. Deklination

Zur dritten Deklination gehören alle Substantiva, deren Stamm mit einem Konsonanten endet, weiter die Substantiva, deren Stamm auf -ι/-υ oder Diphthong endet. Den Stamm des Wortes erkennt man meistens im Genitiv, wenn die Endung -ος weggelassen wird. Die Substantiva der dritten Deklination können Maskulina, Feminina oder Neutra sein, ohne daß man dazu Regeln aufstellen kann (bei Lebewesen i. d. R. grammatisches = biologisches Geschlecht).
Die folgende Übersicht der Endungen ermöglicht einen systematisierten Zugang zur dritten Deklination (∅ = „Null-Endung"):

Sg.	Nom.	Gen.	Dat.	Akk.
m. f. n.	-ς/∅ ∅	-ος	-ι	-α/-ν ∅

Pl.	Nom.	Gen.	Dat.	Akk.
m. f. n.	-ες -α	-ων	-σι(ν)	-ας/-ς -α

Stamm auf:

	Guttural	Labial	Dental		Liquida (λ, ρ)	Nasal (ν)
	φυλακ-	γυπ-	παιδ-	πραγματ-	ῥητορ-	ἀγων-
Sg. N. G. D. A.	φύλαξ, ὁ φύλακ-ος φύλακ-ι φύλακ-α	γύψ, ὁ γυπ-ός γυπ-ί γῦπ-α	παῖς, ὁ ἡ παιδ-ός παιδ-ί παῖδ-α	πρᾶγμα, τὸ πράγματ-ος πράγματ-ι πρᾶγμα	ῥήτ**ω**ρ, ὁ ῥήτορ-ος ῥήτορ-ι ῥήτορ-α	ἀγών, ὁ ἀγῶν-ος ἀγῶν-ι ἀγῶν-α
Pl. N. G. D. A.	φύλακ-ες φυλάκ-ων φύλα**ξ**ι(ν) φύλακ-ας	γῦπ-ες γυπ-ῶν γυ**ψ**ί(ν) γῦπ-ας	παῖδ-ες παίδ-ων παισί(ν) παῖδ-ας	πράγματ-α πραγμάτ-ων πράγμασι(ν) πράγματ-α	ῥήτορ-ες ῥητόρ-ων ῥήτορ-σι(ν) ῥήτορ-ας	ἀγῶν-ες ἀγών-ων ἀγῶσι(ν) ἀγῶν-ας
	Wächter	Geier	Kind, Junge, Mädchen	Sache	Redner	Wettkampf

Stamm auf:

	-ντ-	-σ-	-υ-	-ι-	-ευ-
	λεοντ-	γενος, γενεσ-	ἰχθυ-	πολι-, πολε(j)- πολη(j)-	βασιλευ-, βασιλη(Ϝ)-
Sg. N. G. D. A.	λέ**ω**ν, ὁ λέοντ-ος λέοντ-ι λέοντ-α	γένος, τὸ γένους γένει γένος	ἰχθῦ-ς, ὁ ἰχθύ-ος ἰχθύ-ι ἰχθῦ-ν	πόλι-ς, ἡ πόλε-ως πόλει πόλι-ν	βασιλεύ-ς, ὁ βασιλέ-ως βασιλεῖ βασιλέ-α
Pl. N. G. D. A.	λέοντ-ες λεόντ-ων λέ**ου**-σι(ν) λέοντ-ας	γένη γενῶν γένεσι(ν) γένη	ἰχθύ-ες ἰχθύ-ων ἰχθύ-σι(ν) ἰχθῦ-ς	πόλεις πόλε-ων πόλε-σι(ν) πόλεις	βασιλεῖς, -ῆς βασιλέ-ων βασιλεῦ-σι(ν) βασιλέ-ας
	Löwe	Geschlecht	Fisch	Stadt	König

- Manche Wörter auf -ν-, -ρ-, -ντ- bilden den Nom. Sg. mit Dehnung des davorstehenden Vokals (ῥήτωρ, ῥήτορος).
- *Gutturalstämme:* γ, κ, χ + σ > ξ (siehe Nom. Sg. und Dat. Pl.).
- *Labialstämme:* β, π, φ + σ > ψ (siehe Nom. Sg. und Dat. Pl.).
- *Dentalstämme:* δ, τ, θ + σ > σ (siehe Nom. Sg. und Dat. Pl.).

Nicht endbetonte Dentalstämme bilden den Akk. Sg. auf **-ιν:**
ἡ χάρις, τῆς χάριτ-ος, τῇ χάριτ-ι, τὴν χάρ**ιν.**

Die Neutra der Dentalstämme (τὸ πρᾶγμα) bilden (wie alle Neutra) Akkusativ und Nominativ gleich: πρᾶγμα bzw. πράγματ-α.

- *Nasalstämme:* ν + σ > σ (siehe Dat. Pl.).
- ντ-*Stämme:* -οντ + σι wird ersatzgedehnt zu -ουσι (siehe Dat. Pl.); weitere Ersatzdehnungen: -αντ + σι > -ασι, -εντ + σι > -εισι.
- *Sigmastämme:* Die Substantiva der Sigma-Stämme sind Neutra. Das intervokalische Sigma fällt zwischen zwei Vokalen aus, die zusammentreffenden Vokale werden kontrahiert:

Gen.: *γενεσος > γένους; Nom. und Akk. Pl.: *γενεσα > γένη.
Für die Unterscheidung zur O-Deklination (ὁ κόσμος) ist der Artikel (ggf. auch begleitende Adjektive) wichtig!

- ι-*Stämme:* Im Gen. Sg. liegt eine Vertauschung der Quantitäten *(Quantitätsmetathese)* vor: πόλ**ε-ως** ist aus πόλ**η-ος** entstanden.
- ευ-*Stämme:* Das ursprüngliche Digamma (F: Doppelgamma) verhindert eine Kontraktion der zusammenstoßenden Vokale: vgl. βασιλέ-α, Gen. -εως < -ηος (vgl. bei πόλις).
- Zeus wird dekliniert: Ζεύ-ς, Δι-ός, Δι-ί, Δί-α.
- Das „Schiff" und seine Deklination:

ἡ ναῦ-ς, νε-ώς, νη-ί, ναῦ-ν; νῆ-ες, νεῶν, ναυ-σί(ν), ναῦ-ς

A Selten kommt die sog. attische Deklination vor:
ὁ νεώς, νεώ, νεῴ, νεών (der Tempel; daneben auch: ὁ ναός usw.)
νεῴ, νεών, νεῴς, νεώς

2.2 Partizipia

Die Partizipia des Aktivs werden im Maskulinum und Neutrum nach der dritten Deklination (vgl. die ντ-Stämme), im Femininum nach der A-Deklination (vgl. δόξα) dekliniert. Für das Partizip Perfekt vergleiche für Maskulinum und Neutrum die Dentalstämme (παῖς), für das Femininum ἀνδρεία. Zur Übersetzung und Funktion des Partizips siehe 6.13 „Partizip" und 6.15 „Infinitiv im Vergleich mit dem Partizip".
Wichtig: Die grammatischen Bezeichnungen der Partizipien drücken nicht aus, daß sie eine entsprechende Zeitbedeutung haben, sondern vom entsprechenden Stamm gebildet sind.

Partizip Präsens Aktiv

	m.	f.	n.
Sg. N.	παιδεύ-**ων**	παιδεύ-**ουσ-α**	παιδεῦ-**ον**
G.	παιδεύ-**οντ**-ος	παιδευ-**ούσ**-ης	παιδεύ-**οντ**-ος
D.	παιδεύ-οντ-ι	παιδευ-ούσ-ῃ	παιδεύ-οντ-ι
A.	παιδεύ-οντ-α	παιδεύ-ουσ-αν	παιδεῦ-ον
Pl. N.	παιδεύ-οντ-ες	παιδεύ-ουσ-αι	παιδεύ-οντ-α
G.	παιδευ-όντ-ων	παιδευ-ουσ-ῶν	παιδευ-όντ-ων
D.	παιδεύ-ου-σι(ν)	παιδευ-ούσ-αις	παιδεύ-ου-σι(ν)
A.	παιδεύ-οντ-ας	παιδευ-ούσ-ας	παιδεύ-οντ-α
	eine/r, der/die erzieht		

- *Ersatzdehnung* in den Formen des Femininums und im Dat. Pl. m./n. (-ντ- fällt vor -σ- aus).
- παιδεύ-ουσι ist Dat. Pl. Part. Präs. und 3. Person Pl. (sie erziehen).

Partizip Aorist Aktiv

	m.	f.	n.
Sg. N.	παιδεύ-**σας**	παιδεύ-**σασ-α**	παιδεῦ-**σαν**
G.	παιδεύ-**σαντ**-ος	παιδευ-**σάσ**-ης	παιδεύ-**σαντ**-ος
D.	παιδεύ-σαντ-ι	παιδευ-σάσ-ῃ	παιδεύ-σαντ-ι
A.	παιδεύ-σαντ-α	παιδεύ-σασ-αν	παιδεῦ-σαν
Pl. N.	παιδεύ-σαντ-ες	παιδεύ-σασ-αι	παιδεύ-σαντ-α
G.	παιδευ-σάντ-ων	παιδευ-σασ-ῶν	παιδευ-σάντ-ων
D.	παιδεύ-σα-σι(ν)	παιδευ-σάσ-αις	παιδεύ-σα-σι(ν)
A.	παιδεύ-σαντ-ας	παιδευ-σάσ-ας	παιδεύ-σαντ-α
	eine/r, der/die erzieht/erzog/erzogen hat		

! παιδεύσας (Part. ohne Augment) nicht mit 2. Pers. Sg. verwechseln: ἐ-παίδευ-σας (du erzogst)

Partizip Aorist Passiv

	m.	f.	n.
Sg. N.	παιδευ-**θείς**	παιδευ-**θεῖσ-α**	παιδευ-**θέν**
G.	παιδευ-**θέντ**-ος	παιδευ-**θείσ**-ης	παιδευ-**θέντ**-ος
D.	παιδευ-θέντ-ι	παιδευ-θείσ-ῃ	παιδευ-θέντ-ι
A.	παιδευ-θέντ-α	παιδευ-θεῖσ-αν	παιδευ-θέν
Pl. N.	παιδευ-θέντ-ες	παιδευ-θεῖσ-αι	παιδευ-θέντ-α
G.	παιδευ-θέντ-ων	παιδευ-θεισ-ῶν	παιδευ-θέντ-ων
D.	παιδευ-θεῖ-σι(ν)	παιδευ-θείσ-αις	παιδευ-θεῖ-σι(ν)
A.	παιδευ-θέντ-ας	παιδευ-θείσ-ας	παιδευ-θέντ-α
	eine/r, der/die erzogen wird/wurde/worden ist		

! Ersatzdehnung im
- Nom. Sg. m.
- Femininum
- Dat. Pl. m. und n.

Partizip Perfekt Aktiv

	m.	f.	n.
Sg. N.	**πε**παιδευ-**κώς**	**πε**παιδευ-**κυῖ-α**	**πε**παιδευ-**κός**
G.	πεπαιδευ-**κότ**-ος	πεπαιδευ-**κυί**-ας	πεπαιδευ-**κότ**-ος
D.	πεπαιδευ-κότ-ι	πεπαιδευ-κυί-ᾳ	πεπαιδευ-κότ-ι
A.	πεπαιδευ-κότ-α	πεπαιδευ-κυῖ-αν	πεπαιδευ-κός
Pl. N.	πεπαιδευ-κότ-ες	πεπαιδευ-κυῖ-αι	πεπαιδευ-κότ-α
G.	πεπαιδευ-κότ-ων	πεπαιδευ-κυι-ῶν	πεπαιδευ-κότ-ων
D.	πεπαιδευ-κό-σι(ν)	πεπαιδευ-κυί-αις	πεπαιδευ-κό-σι(ν)
A.	πεπαιδευ-κότ-ας	πεπαιδευ-κυί-ας	πεπαιδευ-κότ-α
	eine/r, der/die erzogen hat		

!
- Dehnung im Nom. Sg. m.
- Dat. Pl. m./n.: Dental + σ > σ.

Das **Partizip Futur Aktiv** wird wie das Präsens, mit **Futurkennzeichen σ** dekliniert: παιδεύ**σων,** παιδεύ**σουσα,** παιδεῦ**σον** eine/r, der/die erziehen wird (meist final übersetzt: um zu erziehen).

Die Partizipien Präs. Med./Pass., Fut. Med., Aor. Med. und Pf. Med./Pass. werden nach der O/A-Deklination flektiert (siehe 2.3.1 Adjektive):

- **Part. Präs. Med./Pass.:** παιδευόμενος, -μένη, -μενον
- **Part. Fut. Med.:** παιδευ**σό**μενος, -μένη, -μενον
- **Part. Aor. Med.:** παιδευ**σά**μενος, -μένη, -μενον
- **Part. Pf. Med./Pass.:** **πε**παιδευμένος, -μένη, -μένον *(Akzent!)*

2.3 Adjektiva

Die Adjektiva werden nach den Deklinationsmustern der Substantiva dekliniert. Die folgende Systematisierung ermöglicht eine Zuordnung zu den entsprechenden Paradigmen.

2.3.1 Adjektiva der O/A-Deklination mit drei Endungen

vgl. κόσμος, ψυχή, ἄστρον (2.1.1/2.1.2)

καλός, -ή, -όν schön							
	m.	f.	n.		m.	f.	n.
Sg. N.	καλ-ός	καλ-ή	καλ-όν	Pl. N.	καλ-οί	καλ-αί	καλ-ά
G.	καλ-οῦ	καλ-ῆς	καλ-οῦ	G.	καλ-ῶν	καλ-ῶν	καλ-ῶν
D.	καλ-ῷ	καλ-ῇ	καλ-ῷ	D.	καλ-οῖς	καλ-αῖς	καλ-οῖς
A.	καλ-όν	καλ-ήν	καλ-όν	A.	καλ-ούς	καλ-άς	καλ-ά

- Lautet der Stamm eines Adjektivs auf ε, ι oder ρ, steht im Sg. f. der Bildevokal **-α:** νέ-ος νέ-**α** νέ-ον (neu) (vgl. ἀνδρεί-α)
- Die **Partizipia** Präsens Med./Pass., Futur Med., Aorist Med. und Perfekt Med./Pass. werden nach dem Muster von καλός, καλή, καλόν dekliniert: παιδευ-όμεν-ος, παιδευ-ομέν-η, παιδευ-όμεν-ον eine/r, der/die erzogen wird (sich erzieht) usw.

Die Wörter für „viel" und „groß" bilden einzelne Kasus nach der 3. Deklination:

	πολύς viel		
	m.	f.	n.
Sg. N.	πολύς	πολλ-ή	πολύ
G.	πολλ-οῦ	πολλ-ῆς	πολλ-οῦ
D.	πολλ-ῷ	πολλ-ῇ	πολλ-ῷ
A.	πολύν	πολλ-ήν	πολύ
Pl. N.	πολλ-οί *usw.*	πολλ-αί	πολλ-ά

μέγας groß		
m.	f.	n.
μέγας	μεγάλ-η	μέγα
μεγάλ-ου	μεγάλ-ης	μεγάλ-ου
μεγάλ-ῳ	μεγάλ-ῃ	μεγάλ-ῳ
μέγαν	μεγάλ-ην	μέγα
μεγάλ-οι *usw.*	μεγάλ-αι	μεγάλ-α

2.3.2 Adjektiva der O/A-Deklination mit zwei Endungen

Viele, v. a. fast alle zusammengesetzten Adjektiva der O/A-Dekl. haben nur zwei Endungen, z. B.
ἀ-θάνατος (m. und f.) ἀ-θάνατον (n.): un-sterblich
(vgl. κόσμος) (vgl. ἄστρον)

2.3.3 Adjektiva der Nasalstämme mit zwei Endungen

vgl. ἀγών (2.1.3)

σώφρων besonnen					
	m. f.	n.		m. f.	n.
Sg. N.	σώφρων	σῶφρον	Pl. N.	σώφρον-ες	σώφρον-α
G.	σώφρον-ος		G.	σωφρόν-ων	
D.	σώφρον-ι		D.	σώφρο-σι(ν)	
A.	σώφρον-α	σῶφρον	A.	σώφρον-ας	σώφρον-α

Nach dem gleichen Muster flektieren die **Komparative auf -ίων (-ων)** [m./f.]/ **-ιον(-ον)**[n.] z. B. καλλίων (schöner). Merke folgende **Kurzformen:**
Neben καλλίονα gibt es die Kurzform **καλλίω;** für καλλίονες und καλλίονας steht auch **καλλίους.**

2.3.4 Adjektiva der ντ-Stämme

vgl. παιδεύσας, -σασα, -σαν (2.2)

πᾶς, πᾶσα, πᾶν jeder, ganz, alle							
	m.	f.	n.		m.	f.	n.
Sg. N.	πᾶς	πᾶσ-α	πᾶν	Pl. N.	πάντ-ες	πᾶσ-αι	πάντ-α
G.	παντ-ός	πάσ-ης	παντ-ός	G.	πάντ-ων	πασ-ῶν	πάντ-ων
D.	παντ-ί	πάσ-ῃ	παντ-ί	D.	πᾶ-σι(ν)	πάσ-αις	πᾶ-σι(ν)
A.	πάντ-α	πᾶσ-αν	πᾶν	A.	πάντ-ας	πάσ-ας	πάντ-α

- Nom. Sg./Dat. Pl. m. und n. sowie Femininum sind ersatzgedehnt.
- πᾶς ἄνθρωπος – jeder Mensch (ohne Artikel)
- πᾶς ὁ ἄνθρωπος – der ganze Mensch
πάντες οἱ ἄνθρωποι – alle Menschen } (mit Artikel: achte auf Wortstellung)

2.3.5 Adjektiva der Sigmastämme

vgl. τὸ γένος (2.1.3)

Der Stamm von ἀσθενής (m. f.), ἀσθενές (n.) (schwach) ist ἀσθενεσ-.

	m. f.	n.		m. f.	n.
Sg. N.	ἀσθενής	ἀσθενές	Pl. N.	ἀσθενεῖς	ἀσθενῆ
G.	ἀσθενοῦς		G.	ἀσθενῶν	
D.	ἀσθενεῖ		D.	ἀσθενέσι(ν)	
A.	ἀσθενῆ	ἀσθενές	A.	ἀσθενεῖς	ἀσθενῆ

Durch den Ausfall des intervokalischen Sigma treffen zwei Vokale aufeinander, die kontrahiert werden: ἀσθενοῦς <*ἀσθενέ^{σ}ος, ἀσθενῆ <*ἀσθενέ^{σ}α.

2.3.6 Adjektiva der u-Stämme

Die Stämme von ἡδύς, ἡδύ (angenehm) sind ἡδυ- und ἡδε(F)-; der Stamm des Femininums (ἡδει-) wird wie ἀνδρεία dekliniert:

	m.	f.	n.		m.	f.	n.
Sg. N.	ἡδύ-ς	ἡδεῖ-α	ἡδύ	Pl. N.	ἡδεῖς	ἡδεῖ-αι	ἡδέ-α
G.	ἡδέ-ος	ἡδεί-ας	ἡδέ-ος	G.	ἡδέ-ων	ἡδει-ῶν	ἡδέ-ων
D.	ἡδεῖ	ἡδεί-ᾳ	ἡδεῖ	D.	ἡδέ-σι(ν)	ἡδεί-αις	ἡδέ-σι(ν)
A.	ἡδύ-ν	ἡδεῖ-αν	ἡδύ	A.	ἡδεῖς	ἡδεί-ας	ἡδέ-α

2.3.7 Verbaladjektiva

Im Griechischen gibt es zwei Arten von Verbaladjektiva:

- Das Verbaladjektiv auf **-τός, -τή, -τόν** (Dekl. wie καλός) bezeichnet
  - das Bewirkte: παιδευτός, -τή, -τόν (erzogen), νικητός, -τή, -τόν (besiegt);
  - das Bewirkbare: (erziehbar), (besiegbar).
- Das Verbaladjektiv auf **-τέος, -τέα, -τέον** (Dekl. wie νέος) bezeichnet das, was geschehen *muß* bzw. was *nicht* geschehen *darf:*

Ὁ ἀνὴρ γυμναστέος ἐστίν – Der Mann muß trainiert werden.
Γυμναστέον ἐστίν – Man muß trainieren.
Ἐμοὶ οὐ γυμναστέον ἐστίν – Ich darf nicht trainieren.
Εἰ γῆν βούλει σοι καρπούς ἀφθόνους φέρειν, τὴν γῆν θεραπευτέον *(oder:* ἡ γῆ θεραπευτέα*)* [σοί ἐστίν] – Wenn du willst, daß dir die Erde reiche Früchte trägt, mußt du sie pflegen.

2.4 Komparation

2.4.1 Steigerung der Adjektiva

a. **Ein Teil der Adjektiva** bildet den **Komparativ** auf **-τερος, -τέρα, -τερον**
den **Superlativ** auf **-τατος, -τάτη, -τατον**

z. B. δίκαιος (gerecht):	δικαιό-τερος, δικαιο-τέρα, δικαιό-τερον (Dekl. siehe 2.3.1: νέος)
	δικαιό-τατος, δικαιο-τάτη, δικαιό-τατον (Dekl. siehe 2.3.1: καλός)
σοφός (weise):	σοφ**ώ**-τερος, -τέρα, -τερον
	σοφ**ώ**-τατος ... (Der Bildevokal -ο- wird zu -ω- gedehnt, wenn die vorhergehende Silbe kurz ist.)
εὐκλεής (berühmt):	εὐκλεέσ-τερος, -τέρα, -τερον
	εὐκλεέσ-τατος, -τάτη, -τατον
σώφρων (besonnen):	σωφρον**έσ**-τερος, -τέρα, -τερον
	σωφρον**έσ**-τατος, -τάτη, -τατον

b. **Ein anderer Teil der Adjektiva** bildet
den **Komparativ** auf **-ίων** (m. f.), **-ιον** (n.),
(auch **-ων, -ον**) (Dekl. siehe 2.3.3: σώφρων)
den **Superlativ** auf **-ιστος, -ίστη, -ιστον** (Dekl. siehe 2.3.1: καλός)

Positiv	Komparativ	Superlativ
καλός, -ή, όν (schön)	καλλίων, -ιον	κάλλιστος, -η, -ον
κακός, -ή, όν (schlecht)	κακίων, -ιον	κάκιστος, -η, -ον
ταχύς, -εῖα, -ύ (schnell)	θάττων, -ον [<*θαχιων]	τάχιστος, -η, -ον
ἡδύς, -εῖα, -ύ (angenehm)	ἡδίων, -ιον	ἥδιστος, -η, -ον
μέγας, -άλη, -α (groß)	μείζων, -ον [<*μεγιων]	μέγιστος, -η, -ον
αἰσχρός, -ή, -όν (schändlich)	αἰσχίων, -ιον	αἴσχιστος, -η, -ον
ἐχθρός, -ά, -όν (verhaßt)	ἐχθίων, -ιον	ἔχθιστος, -η, -ον
ῥᾴδιος, -α, -ον (leicht)	ῥᾴων, -ον	ῥᾷστος, -η, -ον

c. **Steigerung mit Stammwechsel** (zur Bedeutungsnuancierung der verschiedenen Stämme siehe Wörterbuch):

ἀγαθός, -ή, -όν (gut)	ἀμείνων, -ον	ἄριστος, -η, -ον
	βελτίων, -ιον	βέλτιστος, -η, -ον
	κρείττων, -ον	κράτιστος, -η, -ον
κακός, -ή, -όν (schlecht)	κακίων, -ιον	κάκιστος, -η, -ον
	χείρων, -ον	χείριστος, -η, -ον
	ἥττων, -ον	[ἥκιστα, *Adv.*]
μικρός, -ά, -όν (klein)	ἐλάττων, -ον	ἐλάχιστος, -η, -ον
ὀλίγος, -η, -ον (wenig)	ἐλάττων, -ον	ἐλάχιστος, -η, -ον
	μείων, -ον	ὀλίγιστος, -η, -ον
πολύς, πολλή, πολύ (viel)	πλε(ί)ων, -ον	πλεῖστος, -η, -ον

- Öfter finden sich **Kurzformen** des Komparativs auf -ίων: καλλ**ίονα** und καλλ**ίω; **καλλ**ίονες/**καλλ**ίονας** und καλλ**ίους.**
- **Übersetzung des Komparativs**

(a) Vergleichspunkt ist genannt:

Der Vergleichspunkt kann entweder durch ἤ oder durch den Genitiv (Genitivus comparationis) ausgedrückt werden, z. B.

Die Gerechtigkeit ist nützlicher als die Ungerechtigkeit:

Ἡ δικαιοσύνη ὠφελιμω**τέρα** ἐστὶν **ἢ** ἡ ἀδικία.

Ἡ δικαιοσύνη **τῆς** ἀδικί**ας** ὠφελιμω**τέρα** ἐστίν.

(b) Vergleichspunkt ist nicht genannt:

Τοῦτο ἀφρονέστερόν ἐστιν. Das ist ziemlich unklug.

Vgl. im Deutschen: Stuttgart ist eine größere Stadt = Stuttgart ist eine ziemlich große Stadt („absoluter Komparativ").

- **Übersetzung des Superlativs**

→ οἱ πιστότατοι φίλοι – die zuverlässigsten Freunde (Artikel + Superlativ).

→ πιστότατοι φίλοι – sehr zuverlässige Freunde (Superlativ ohne Artikel ist als „absoluter Superlativ" = Elativ verwendet).

→ ὡς τάχιστα – möglichst schnell: ὡς beim Superlativ heißt „möglichst".

2.4.2 Steigerung des Adverbs

- Das Adverb im **Positiv** wird meist auf **-ως** gebildet (*Lernhilfe:* Gen. Pl. m. des Adjektivs – statt des ν wird ein ς gesetzt): δίκαιος – (δικαίων) – δικαίως.
- Im **Komparativ** dient der **Akk. Sg. n.** als Adverb,

im **Superlativ** der **Akk. Pl. n.:**

δικαί**ως** – δικαιό**τερον** – δικαιό**τατα** (gerecht)

ταχέ**ως** – θᾶττ**ον** – τάχ**ιστα** (schnell)

σοφ**ῶς** – σοφώ**τερον** – σοφώ**τατα** (weise)

σαφ**ῶς** – σαφέσ**τερον** – σαφέσ**τατα** (deutlich)

→ εὖ (gut) – ἄμεινον – ἄριστα

μάλα (sehr) – μᾶλλον – μάλιστα

ὀλίγον (wenig) – ἧττον – ἥκιστα (am wenigsten, keineswegs)

2.5 Pronomina

2.5.1 Personalia der 1. und 2. Person

	1. Person	2. Person		1. Person	2. Person
Sg. N.	ἐγώ	σύ	Pl. N.	ἡμεῖς	ὑμεῖς
G.	ἐμοῦ, μου (enkl.)	σοῦ, σου (enkl.)	G.	ἡμῶν	ὑμῶν
D.	ἐμοί, μοι (enkl.)	σοί, σοι (enkl.)	D.	ἡμῖν	ὑμῖν
A.	ἐμέ, με (enkl.)	σέ, σε (enkl.)	A.	ἡμᾶς	ὑμᾶς
	ich	du		wir	ihr

- Personalpronomina der 1. und 2. Person stehen im Griechischen (vor allem im Nom.) dann, wenn die Person hervorgehoben werden soll:
Ἐγὼ δὲ σύνειμι μὲν θεοῖς, σύνειμι δὲ ἀνθρώποις τοῖς ἀγαθοῖς – Ich verkehre einerseits mit den Göttern, andererseits mit den guten Menschen (Ich = im Kontext Hervorhebung der *Tugend* im Gegensatz zur Schlechtigkeit).
- Personalpronomina dienen der Hervorhebung von *Oppositionen:*
Ἡμεῖς μὲν λέγομεν, **ὑμεῖς** δὲ σιωπᾶτε – *wir* reden, *ihr* aber schweigt.
(dagegen: wir reden – λέγομεν)

2.5.2 Possessiva der 1. und 2. Person

a. Possessivpronomina in attributiver Stellung (Artikel + Pronomen + Nomen)

ἐμός ἐμή ἐμόν mein	ἡμέτερος ἡμετέρα ἡμέτερον unser
σός σή σόν dein	ὑμέτερος ὑμετέρα ὑμέτερον euer
z. B.: ὁ ἐμὸς φίλος – mein Freund	(-τερος hier als Oppositionssuffix)

b. Possessive Genitive (s. 2.5.1)

ὁ φίλος μου – mein Freund	ὁ φίλος ἡμῶν – unser Freund
ὁ φίλος σου – dein Freund	ὁ φίλος ὑμῶν – euer Freund

2.5.3 Demonstrativa, Personalia und Possessiva der 3. Person

Pronomina besitzen eine wichtige *deiktische Funktion* (δείκνυμι: ich zeige): Sie weisen den Hörer in die vom Sprecher intendierte Richtung. Während der Bezug auf die 1. Person (Sprecher) und die 2. Person (Angesprochener) in der Regel eindeutig ist, steht für die Bezeichnung aller übrigen Bezugspunkte grammatisch nur die 3. Person („Besprochener/-es") zur Verfügung. Wo der Sprecher diesen Bezug für klar hält, verzichtet er auf eine genauere Kennzeichnung; daher fehlen in der Regel beim Verb die Personalpronomina, und zwar nicht nur im Nom., sondern oft *auch* im Gen., Dat. und Akk. Dort, wo die Verständigung es wünschenswert oder nötig erscheinen läßt, steht dem Griechischen eine Reihe hinweisender Pronomina zur Verfügung, deren Wiedergabe ins Deutsche sehr oft an den deutschen Sprachnormen geprüft werden muß, d. h. es ist oft nicht unbedingt mit der Lexikonbedeutung zu übersetzen; so stehen z. B. ὅδε, οὗτος, ἐκεῖνος, αὐτός recht oft in der Funktion unseres Personalpronomens „er sie es".

a. ὅδε ἥδε τόδε (Artikel + δέ; Dekl.: siehe 2.1.1 und 2.1.2)

- der hier, dieser, (betontes) er: ὅδε ὁ ἀνήρ – dieser Mann (bei mir) (beachte die Wortstellung)
- Häufig weist ὅδε auf das Folgende, das noch zu Besprechende: τόδε bzw. (Pl.) τάδε – (dieses=) folgendes

b. οὗτος αὕτη τοῦτο

Sg. N.	οὗτος	αὕτη	τοῦτο	Pl. N.	οὗτοι	αὗται	ταῦτα
G.	τούτου	ταύτης	τούτου	G.	τούτων	τούτων	τούτων
D.	τούτῳ	ταύτῃ	τούτῳ	D.	τούτοις	ταύταις	τούτοις
A.	τοῦτον	ταύτην	τοῦτο	A.	τούτους	ταύτας	ταῦτα

- der/die/das da, diese/r/s, (betontes) er/sie:

αὕτη ἡ παῖς – dieses Mädchen (bei dir)

- Häufig weist οὗτος auf bereits Genanntes hin:

τοῦτον Ἀντιγόνη θάπτειν πειρᾶται – diesen/ihn (Polyneikes ist im Text bereits genannt) versucht Antigone zu bestatten.

- der hinweisende Charakter auf eine Person oder Sache kann durch ein angehängtes -ι verstärkt werden: οὑτοσί, αὑτηί, ταδί (man denke sich eine Handbewegung hinzu).

c. ἐκεῖνος ἐκείνη ἐκεῖνο (Dekl. nach ὁ ἡ τό)

der/die/das dort, (betontes) er/sie/es; jene/r/s (in Opposition zu diese/r/s).
ἐκείνη ἡ κώμη – das Dorf dort, jenes Dorf.

d. αὐτός αὐτή αὐτό (Dekl. nach ὁ ἡ τό)

- **selbst:** ὁ φίλος αὐτός/αὐτὸς ὁ φίλος (prädikative Stellung) – der Freund selbst, der Freund persönlich

αὐτὸς ἔρχεται – er (selbst) kommt, er kommt (persönlich) (betontes er)
αὐτὸς παρεγενόμην – ich persönlich war anwesend (auch Hervorhebung der 1. oder 2. Person)

- **derselbe:** ὁ αὐτὸς φίλος/ὁ φίλος ὁ αὐτός (attributive Stellung) – derselbe Freund
- **Personalpronomen der 3. Person** im Gen., Dat., Akk. (ohne Artikel):

θεραπεύω αὐτόν/αὐτήν/αὐτούς – ich verehre ihn (einen Freund)/sie (eine Frau)/sie (mehrere Personen)
Selten auch: οἱ (Dat.), ἑ (Akk.)

- **Possessiver Genitiv der 3. Person:**

ὁ φίλος αὐτοῦ/αὐτῆς ἥκει – sein/ihr Freund ist gekommen

A Im Griechischen gibt es auch **Reflexivpronomina:** Sie werden aus dem Personalpronomen + αὐτός gebildet (ἐμαυτοῦ ... σεαυτοῦ ... ἑαυτοῦ ... ἡμῶν αὐτῶν ... ὑμῶν αὐτῶν ... ἑαυτῶν ...). Da sie selten vorkommen, werden sie nicht weiter behandelt.

2.5.4 Interrogativa

Sg. N.	τίς (m./f.)	τί (n.)	Pl. N.	τίνες (m./f.)		τίνα (n.)
G.	τίνος (τοῦ)		G.		τίνων	
D.	τίνι (τῷ)		D.		τίσι(ν)	
A.	τίνα	τί	A.	τίνας		τίνα

- Das Interrogativpronomen τίς, τί „wer, was?" steht *immer mit Akut.* !
- Es wird *substantivisch* gebraucht: τίς λέγει; Wer spricht? Auch im Pl.: τίνες λέγουσιν;
- Es wird *adjektivisch* gebraucht: τίς θεός; Was für ein Gott?
- Als *indirektes Fragepronomen* wird auch **ὅστις** (Dekl. siehe 2.5.6) verwendet.

2.5.5 Indefinita

Das Indefinitpronomen τις/τι „(irgend)eine/r, etwas" wird wie das Interrogativpronomen τίς/τί dekliniert. Es ist aber enklitisch (siehe 1.2).

Sg. N.	τις (m./f.) τι (n.)
G.	τινος (του)
D.	τινι (τῳ)
A.	τινα τι

Pl. N.	τινες τινα
G.	τινων
D.	τισι(ν)
A.	τινας τινα (ἄττα)

- Das Indefinitpronomen ist vom Interrogativpronomen durch den Akzent und die Stellung im Satz unterscheidbar.
- φιλόσοφός τις – (irgend)ein Philosoph
τινες – (irgendwelche), manche, einige

2.5.6 Relativa

Die Relativsätze sind unter 6.11 in einem eigenen Kapitel behandelt. Das Relativpronomen ὅς ἥ ὅ „der, die, das" wird wie der Artikel dekliniert; das verallgemeinernde Relativpronomen ὅστις/ἥτις/ὅ τι (ὅ, τι) „wer auch immer" (das gleichzeitig als indirektes Fragepronomen „wer; welche/r/s" dient) ist aus ὅς und τις zusammengesetzt.

	relativisch			verallgemeinernd relativisch + fragend		
Sg. N.	ὅς	ἥ	ὅ	ὅστις	ἥτις	ὅ τι
G.	οὗ	ἧς	οὗ	οὗτινος/ὅτου	ἧστινος	οὗτινος/ὅτου
D.	ᾧ	ᾗ	ᾧ	ᾧτινι/ὅτῳ	ᾗτινι	ᾧτινι/ὅτῳ
A.	ὅν	ἥν	ὅ	ὅντινα	ἥντινα	ὅ τι
Pl. N.	οἵ	αἵ	ἅ	οἵτινες	αἵτινες	ἅτινα/ἅττα
G.	ὧν	ὧν	ὧν	ὧντινων	ὧντινων	ὧντινων
D.	οἷς	αἷς	οἷς	οἷστισι(ν)	αἷστισι(ν)	οἷστισι(ν)
A.	οὕς	ἅς	ἅ	οὕστινας	ἅστινας	ἅτινα/ἅττα

ὅ τι – was (auch immer) [auch ὅ, τι geschrieben!]
ὅτι – daß, weil

2.5.7 Korrelativa (Übersicht)

Bestimmte Pronomina und Pronominaladverbien stehen sowohl bedeutungsmäßig als auch ihrer Bildung nach in einer Wechselbeziehung (sog. Korrelativa):

interrogativ Signal **π-**	**demonstrativ** Signal **τ-**	**relativ** Signal **ὁ-**	**verallgemeinernd und indirekt fragend** Signal **ὁπ-**	!
πόσος, -η, -ον wie groß? (Pl. viel)	τοσόσδε, -ήδε, -όνδε τοσοῦτος, -αύτη, -οῦτο so groß (Pl. viel)	ὅσος, -η, -ον wie (groß/viel)	ὁπόσος, -η, -ον wie (groß/viel auch immer)	**-σ-** Quantität
ποῖος, -α, -ον wie beschaffen?	τοιόσδε, -άδε, -όνδε, τοιοῦτος, -αύτη, -οῦτο so beschaffen	οἷος, -α, -ον wie (beschaffen)	ὁποῖος, -α, -ον wie (beschaffen auch immer)	**-ι-** Qualität
ποῦ wo?	ἔνθα, ἐκεῖ hier, dort	οὗ, ἵνα (mit Ind.) wo	ὅπου wo (auch immer)	**-ου, -θα** Ort
πόθεν woher?	ἔνθεν, ἐντεῦθεν von hier, von dort	ὅθεν von wo	ὁπόθεν von wo (auch immer)	**-θεν** Trennung
ποῖ wohin?	ἐνθάδε, ἐκεῖσε hier(hin), dorthin	οἷ wohin	ὅποι wohin (auch immer)	**-ι, -δε, -σε** Ziel
πότε wann?	τότε dann, damals	ὅτε als, wenn	ὁπότε wann (auch immer)	**-τε** Zeit
πῶς wie?	ὥς, ὧδε, οὕτως so	ὡς wie	ὅπως wie (auch immer)	**-ως** Art u. Weise

Alle Interrogativpronomina werden als Enklitika indefinit gebraucht:
που – irgendwo   ποτε – irgendwann   πως – irgendwie
(auch ποσός, ποιός „irgendwie groß/viel, irgendwie beschaffen")

3 Konjugationen

Im Griechischen unterscheidet man zwei Konjugationsmuster, die (nach der Lexikonform 1. P. Sg. Ind. Akt. so genannte) Konjugation der **Verba auf -ω** (mit Bildevokal) und die Konjugation der **Verba auf -μι** (ohne Bildevokal).
Vor den Verbalstamm tritt bei einem Vergangenheitstempus (im Indikativ) ein *Augment* (= Zeichen für Vergangenheitstempus; Augmentbildung siehe 3.2.2), bei Perfektstamm-Formen eine *Reduplikation* (Reduplikationsbildung: siehe 3.2.5 d).
Man unterscheidet zwei Reihen von *Personalendungen:*
a. sog. *Primärendungen* für Präsens, Perfekt, Futur und Konjunktive;
b. sog. *Sekundärendungen* für Imperfekt, Ind. Aorist, Plusquamperfekt und Optative (siehe 3.2.0 und 3.4).
Neben den drei grammatischen Personen, den drei Numeri (Sg., Pl., Dual, der hier nicht behandelt wird) gibt es im Griechischen *insgesamt mehr formale Differenzierungsmöglichkeiten als im Deutschen:*

- **Modi:** *Indikativ, Imperativ* (Imperativ der 3. Person: s. u. 3.2.4.1/A), *Konjunktiv* und *Optativ;* die Funktion von Konjunktiv und Optativ wird in den Abschnitten 6.9 und 6.10 beschrieben.
- **Tempora:** *Präsens* und *Imperfekt, Futur, Aorist, Perfekt* (mit weiteren aus dem Perfektstamm gebildeten Zeiten). Zur Funktion der Tempora und Aspekte (Aktionsarten) siehe 6.7.
- **Genera:** Neben dem *Aktiv* und *Passiv* gibt es das *Medium,* im Futur und Aorist mit eigenen Formen. Die Funktion des Mediums wird in Abschnitt 6.8 behandelt.
- **Nominalformen:** *Infinitive* und *Partizipia* in allen Tempora (außer Imperfekt und Plusquamperfekt) und Genera. Die Funktion von Infinitiv und Partizip wird in den Abschnitten 6.13, 6.14 und 6.15 ausführlich behandelt.

3.1 εἰμί – ich bin

Aufgrund der häufigen Verwendung des Wortes „sein" wird das Konjugationsmuster vorangestellt. εἰμί ist in der Funktion als Kopula im Ind. Präs. außer der 2. P. Sg. enklitisch. In der Bedeutung „existieren" ist es betont (3. P. Sg. Präs. Ind. ἔστιν). Der Stamm lautet ἐσ-.

	Ind. Präs.	Konj.	Opt.	Fut.	Impf.	Imp.
Sg. 1	εἰμι	ὦ	εἴην	ἔσομαι	ἦν	ἴσθι sei!
2.	εἶ	ᾖς	εἴης	ἔσῃ	ἦσ**θα**!	ἔστε seid!
3.	ἐστι(ν)	ᾖ	εἴη	ἔσται	ἦν	**Part.**
Pl. 1	ἐσμεν	ὦμεν	εἶμεν	ἐσόμεθα	ἦμεν	
2.	ἐστε	ἦτε	εἶτε	ἔσεσθε	ἦτε	ὤν, οὖσα, ὄν,
3.	εἰσι(ν)	ὦσι(ν)	εἶεν	ἔσονται	ἦσαν	ὄντος, οὔσης, ὄντος
	ich bin			ich werde sein	ich war	**Inf.**
						εἶναι zu sein

3.2 Konjugation auf -ω

3.2.0 Die Personalendungen

		Sg. 1. P.	2. P.	3. P.	Pl. 1. P.	2. P.	3. P.
• primäre Personalendungen:	Aktiv	**-ω**	**-εις** <ε-ες	**-ει** <ε-σι	**-μεν**	**-τε**	**-σι(ν)**
	Medium	**-μαι**	**-σαι** >**-ῃ** (-ει)	**-ται**	**-μεθα**	**-σθε**	**-νται**
• sekundäre Personalendungen:	Aktiv	**-ν**	**-ς**	∅	**-μεν**	**-τε**	**-ν/-σαν**
	Medium	**-μην**	**-σο**	**-το**	**-μεθα**	**-σθε**	**-ντο**

Aufgrund lautgesetzlicher Wirkungen treten manche Endungen in verschiedener Form auf, z. T. sind sie mit den Bildevokalen verschmolzen.

3.2.1 Präsens

	Indikativ Aktiv	Medium/Passiv
Sg. 1.	παιδεύ-**ω**	παιδεύ-**ο**μαι
2.	παιδεύ-**ει**ς	παιδεύ-**ῃ** < εσαι
3.	παιδεύ-**ει**	παιδεύ-**ε**ται
Pl. 1.	παιδεύ-**ο**μεν	παιδευ-**ό**μεθα
2.	παιδεύ-**ε**τε	παιδεύ-**ε**σθε
3.	παιδεύ-**ου**σι(ν)	παιδεύ-**ο**νται
	ich erziehe	ich werde erzogen (Pass.) ich erziehe mich, in meinem Interesse o. ä. (Med.)

Der Indikativ Präsens wird gebildet aus Stamm + Bildevokal + primäre Endungen.
Die 2. P. Sg. Med. lautete ursprünglich *παιδεύ-εσαι:
Intervokalisches Sigma fiel aus,
ε + α > η,
ι wird nach langem Vokal subskribiert → ῃ
(oft auch: -ει, **immer:** βούλ**ει** du willst, οἴ**ει** du glaubst)

	Konjunktiv Aktiv	Medium/Pass.
Sg. 1.	παιδεύ-**ω**	παιδεύ-**ω**μαι
2.	παιδεύ-**ῃς**	παιδεύ-**ῃ** (= Ind.!)
3.	παιδεύ-**ῃ**	παιδεύ-**η**ται
Pl. 1.	παιδεύ-**ω**μεν	παιδευ-**ώ**μεθα
2.	παιδεύ-**η**τε	παιδεύ-**η**σθε
3.	παιδεύ-**ω**σι(ν)	παιδεύ-**ω**νται

Den Konjunktiv erkennt man an der **Dehnung** des Bildevokals.
Zur **Bedeutung des Konjunktivs** siehe Abschnitt **6.9.**

(zu 3.1) εἶ – 1. du bist
2. du wirst gehen (→ 3.4.2) εἰ – wenn

	Optativ Aktiv	Med./Pass.
Sg. 1.	παιδεύ-**οι**μι	παιδευ-**οί**μην
2.	παιδεύ-**οι**ς	παιδεύ-**οι**ο
3.	παιδεύ-**οι**	παιδεύ-**οι**το
Pl. 1.	παιδεύ-**οι**μεν	παιδευ-**οί**μεθα
2.	παιδεύ-**οι**τε	παιδεύ-**οι**σθε
3.	παιδεύ-**οι**εν	παιδεύ-**οι**ντο

Das Optativkennzeichen ist **-ι-** oder **-ι-** + **E**-Laut. Den Optativ Präsens erkennt man auch am -οι-. Er wird gebildet aus: Stamm + Bildevokal (ο) + ι/ιε + sekundäre Personalendungen (Aktiv 1. P. Sg. -μι).
Zur **Bedeutung des Optativs** siehe **6.10.**

Imperativ Akt.	Med./Pass	*Infinitiv* Akt.	Med./Pass.
παίδευ-**ε** erzieh! παιδεύ-**ετε** erzieht!	παιδεύ-**ου** <εσο laß dich erziehen! παιδεύ-**εσθε** laßt euch erziehen	παιδεύ-**ειν** (zu)erziehen	παιδεύ-**εσθαι** erzogen werden, sich erziehen

	Partizip Akt.	Med./Pass.
m. f. n.	παιδεύ-**ων,** -οντος παιδεύ-**ουσα,** -ούσης παιδεῦ-**ον,** -οντος eine/r/s, der/die/das erzieht	παιδευ-**όμενος** παιδευ-**ομένη** παιδευ-**όμενον** eine/r/s, der/die/das erzogen wird eine/r/s, der/die/das sich erzieht

Deklination: siehe 2.2,
Bedeutung
siehe 6.13 und 6.15

3.2.2 Imperfekt

Das Augment

Das sog. Augment (lat.: *„Zuwachs"*) ist **Zeichen für ein Vergangenheitstempus** (*nur* im Indikativ). Man unterscheidet zwei Arten von Augmentbildung:

- *Silbenaugment:* bei konsonantisch anlautenden Verba: **ἐ-**
  ἐ-παίδευον (ich erzog) **ἔ**-γραφον (ich schrieb) **ἔ**-μενον (ich blieb)
- *Dehnungsaugment:* bei vokalisch anlautenden Verba

α → η	**ἄ**γω (treiben, führen) – **ἦ**γον
αι → ῃ	**αἰ**σθάνομαι (wahrnehmen) – **ᾐ**σθανόμην
αυ → ηυ	**αὐ**ξάνω (vergrößern) – **ηὔ**ξανον
ε → η	**ἐ**σθίω (essen) – **ἤ**σθιον
ει → ῃ	**εἰ**κάζω (vergleichen) – **ᾔ**καζον (auch: εἴ-)
ευ → ηυ	**εὔ**χομαι (beten, bitten) – **ηὐ**χόμην
ο → ω	**ὀ**νομάζω (nennen) – **ὠ**νόμαζον
οι → ῳ	**οἴ**ομαι (glauben) – **ᾠ**όμην
η → η	**ἥ**κω (kommen) – **ἧ**κον

Auch ι-/υ- im Anlaut werden gedehnt!

Komposita: Das Augment tritt zwischen Präfix und Grundwort, z. B.
περιβάλλω – περι**έ**βαλλον, ἀποβάλλω – ἀπ**έ**βαλλον, ἐκβάλλω – ἐξ**έ**βαλλον

	Indikativ Aktiv	Medium/Passiv
Sg. 1.	**ἐ**-παίδευ-**ον**	**ἐ**-παιδευ-**όμην**
2.	**ἐ**-παίδευ-**ες**	**ἐ**-παιδεύ-**ου** <εσο
3.	**ἐ**-παίδευ-**ε**(ν)	**ἐ**-παιδεύ-**ετο**
Pl. 1.	**ἐ**-παιδεύ-**ομεν**	**ἐ**-παιδευ-**όμεθα**
2.	**ἐ**-παιδεύ-**ετε**	**ἐ**-παιδεύ-**εσθε**
3.	**ἐ**-παίδευ-**ον**	**ἐ**-παιδεύ-**οντο**
	ich erzog	ich wurde erzogen ich erzog (für) mich

Im Imperfekt gibt es *nur* den Indikativ.
Das *Imperfekt* wird *vom Präsensstamm* gebildet: Augment + Präsensstamm + Bildevokal + sekundäre Personalendungen.
2. P. Sg. Med.: Die ursprüngliche Form lautete *ἐπαιδεύ-εσο, intervokalisches Sigma fiel aus, ε + ο > ου.
Zur Bedeutung des Imperfekts siehe 6.7.

Imperfektbildungen von
ἔχω (haben, halten) – εἶχον
ἐάω (lassen) – εἴων
ἕπομαι (folgen) – εἱπόμην
ὁράω (sehen) – ἑώρων

3.2.3 Futur

Das **Tempuszeichen** für das Futur **Aktiv** und **Medium** ist **-σ-,** daran treten die **Bildevokale ε/ο** sowie die Primärendungen wie im Präsens.
Futur Passiv: siehe unten A .
Einen Konjunktiv (und Imperativ) gibt es im Futur nicht.

	Indikativ Aktiv	Medium	*Optativ* Aktiv	Medium
Sg. 1.	παιδεύ**σ**-ω	παιδεύ**σ-ο**μαι	παιδεύ**σ-οι**μι	παιδευ**σ-οί**μην
2.	παιδεύ**σ-ει**ς	παιδεύ**σ**-ῃ	παιδεύ**σ-οι**ς	παιδεύ**σ-οι**ο
3.	παιδεύ**σ-ει**	παιδεύ**σ-ε**ται	παιδεύ**σ-οι**	παιδεύ**σ-οι**το
Pl. 1.	παιδεύ**σ-ο**μεν	παιδευ**σ-ό**μεθα	παιδεύ**σ-οι**μεν	παιδευ**σ-οί**μεθα
2.	παιδεύ**σ-ε**τε	παιδεύ**σ-ε**σθε	παιδεύ**σ-οι**τε	παιδεύ**σ-οι**σθε
3.	παιδεύ**σ-ου**σι(ν)	παιδεύ**σ-ο**νται	παιδεύ**σ-οι**εν	παιδεύ**σ-οι**ντο

Infinitiv Aktiv	Medium
παιδεύ**σ-ει**ν	παιδεύ**σ-ε**σθαι

	Partizip Aktiv	Medium
m.	παιδεύ**σ**-ων	παιδευ**σ-ό**μενος
f.	παιδεύ**σ-ου**σα	παιδευ**σ-ο**μένη
n.	παιδεῦ**σ-ο**ν	παιδευ**σ-ό**μενον

- **Übersetzung:** Bei eindeutigem Kontext im Deutschen hat das Präsens Futurfunktion, sonst ggf. Umschreibung („werden + Infinitiv“).
- Das **Partizip Futur** wird **meist final** (damit, um zu) übersetzt und auch sonst hat das griech. Futur oft finalen oder auffordernden Sinn, z. B. παιδεύσεις du sollst erziehen (vgl. deutsch „du wirst jetzt herkommen!“).

a. Futur der Guttural-, Labial-, Dentalstämme

• Gutturalstämme: **γ, κ, χ, (-ττ) + σ > ξ**	λέ**γ**ω (sagen)	Fut.: λέ**ξ**ω
	ἄρ**χ**ω (herrschen)	ἄρ**ξ**ω
	φυλά**ττ**ω (bewachen)	φυλά**ξ**ω
• Labialstämme: **β, π, φ, (-πτ) + σ > ψ**	βλέ**π**ω (sehen)	βλέ**ψ**ω
	γρά**φ**ω (schreiben)	γρά**ψ**ω
	κρύ**πτ**ω (verbergen)	κρύ**ψ**ω
• Dentalstämme: **δ, τ, θ, (-ζ) + σ > σ**	πεί**θ**ω (überreden)	πεί**σ**ω
	θαυμά**ζ**ω (bewundern)	θαυμά**σ**ω

Verba auf -ίζω: siehe Verba liquida

b. Futur der Verba liquida

Zu den Verba liquida rechnet man solche Verba, die im Stamm auf **λ, μ, ν** oder **ρ** enden.

Präsens	Verbalstamm	Futurbildung	
μένω (bleiben)	μεν-	*μεν-έσω >	μεν**ῶ**
ἀγγέλλω (melden)	ἀγγελ-	*ἀγγελ-έσω >	ἀγγελ**ῶ**
τείνω (spannen)	τεν-	*τεν-έσω >	τεν**ῶ**
φαίνω (zeigen)	φαν-	*φαν-έσω >	φαν**ῶ**

! Das Futur der Verba liquida gleicht den kontrahierten Präsens-Formen von ποιῶ (siehe 3.3).

Analog zu den Verba liquida bilden die Verba auf -ίζω das Futur auf -ιῶ:

νομίζω (glauben) Fut.: νομιῶ

ἐλπίζω (hoffen) ἐλπιῶ

• *Verba der Wahrnehmung* bilden häufig ein mediales Futur:
ἀκούω (hören) – Fut.: ἀκούσομαι

• Futurbildung mit *Stammveränderung* oder *Stammwechsel:*

γίγνομαι (werden, entstehen)	Fut.: γενήσομαι
ἔχω (haben, halten)	σχήσω oder ἕξω
λαμβάνω (nehmen, empfangen)	λήψομαι
λέγω (sagen, nennen)	ἐρῶ (konj. wie ποιῶ); auch: λέξω (s. o.)
ὁράω (sehen)	ὄψομαι
πάσχω (leiden, erfahren)	πείσομαι
πείθομαι (gehorchen)	πείσομαι
πίπτω (fallen)	πεσοῦμαι
φέρω (tragen)	οἴσω

A Im Griechischen gibt es eine eigene vom Aorist Passiv abgeleitete Form für das **Futur Passiv:** παιδευ-**θή-σο**μαι, παιδευ-**θή-σ**ῃ, παιδευ-**θή-σε**ται usw. (ich werde erzogen [werden]), siehe 3.2.4.

Einzelne Verben verwenden das mediale Futur in passivischer Bedeutung: βλάπτω „schaden“, βλάψομαι „man wird mir schaden“, τιμήσομαι „ich werde geehrt (werden)“ (auch τιμηθήσομαι).

3.2.4 Aorist

Man unterscheidet **drei Arten von Aoristbildung:** den sog. schwachen („regelmäßigen" – vgl. im Deutschen „legen, legte, gelegt"), den sog. starken (mit Stammveränderung – vgl. im Deutschen „gehen – ging – gegangen") und den sog. Wurzelaorist. Bis auf wenige Fälle bildet jedes Verb nur einen Aorist-Typ. Da der „starke" Aorist der Form nach dem Imperfekt gleicht, muß man ihm besondere Aufmerksamkeit widmen.
Der **Aorist Indikativ** (mit Augment) ist ein **Vergangenheitstempus,** alle anderen Modi und Nominalformen haben kein Augment und keine Vergangenheitsbedeutung.
Im Aorist gibt es für Aktiv, Medium und Passiv jeweils eigene Formen.
Zum Augment: Siehe unter 3.2.2.
Sekundärendungen: Siehe unter 3.2.0.

3.2.4.1 Schwacher Aorist

a. Indikativ

	Aktiv	Medium	Passiv
Sg. 1.	ἐ-παίδευ-**σα**	ἐ-παιδευ-**σά**μην	ἐ-παιδεύ-**θη**ν
2.	ἐ-παίδευ-**σας**	ἐ-παιδεύ-**σω**(!) <ασο	ἐ-παιδεύ-**θης**
3.	ἐ-παίδευ-**σε**(ν)	ἐ-παιδεύ-**σα**το	ἐ-παιδεύ-**θη**
Pl. 1.	ἐ-παιδεύ-**σα**μεν	ἐ-παιδευ-**σά**μεθα	ἐ-παιδεύ-**θη**μεν
2.	ἐ-παιδεύ-**σα**τε	ἐ-παιδεύ-**σα**σθε	ἐ-παιδεύ-**θη**τε
3.	ἐ-παίδευ-**σα**ν	ἐ-παιδεύ-**σα**ντο	ἐ-παιδεύ-**θη**σαν
	ich erzog ich habe erzogen	ich erzog mich ich habe (für) mich erzogen	ich wurde erzogen ich bin erzogen worden

Aktiv: Augment + Stamm + **σα** + aktive sekundäre Personalendungen
(3. P. Sg. -σε!)
Medium: Augment + Stamm + **σα** + mediale sekundäre Personalendungen
2. P. Sg.: *ἐπαιδεύ-σα-σο > ἐπαιδεύ-σω
Passiv: Augment + Stamm + **θη** + *aktive (!)* sekundäre Personalendungen

b. Konjunktiv

	Aktiv	Medium	Passiv
Sg. 1.	παιδεύ-**σω**	παιδεύ-**σω**μαι	παιδευ-**θῶ**
2.	παιδεύ-**σῃς**	παιδεύ-**σῃ** (!)	παιδευ-**θῇς**
3.	παιδεύ-**σῃ** (!)	παιδεύ-**ση**ται	παιδευ-**θῇ**
Pl. 1.	παιδεύ-**σω**μεν	παιδευ-**σώ**μεθα	παιδευ-**θῶ**μεν
2.	παιδεύ-**ση**τε	παιδεύ-**ση**σθε	παιδευ-**θῆ**τε
3.	παιδεύ-**σω**σι(ν)	παιδεύ-**σω**νται	παιδευ-**θῶ**σι(ν)

Aktiv/Medium: σ + Ausgänge des Konjunktivs Präsens
Passiv: θ + betonte Ausgänge des Konj. Präs. Akt. (!)

Der **Konjunktiv Aorist** hat **keine Vergangenheitsbedeutung;** zur Differenzierung vom Präsens Konjunktiv siehe 6.7 (Tempus und Aspekt); zur **Bedeutung** des Konjunktivs siehe **6.9.**

c. Optativ

	Aktiv	Medium	Passiv
Sg. 1.	παιδεύ-**σαι**μι	παιδευ-**σαί**μην	παιδευ-**θείη**ν
2.	παιδεύ-**σαι**ς, -**σεια**ς	παιδεύ-**σαι**ο	παιδευ-**θείη**ς
3.	παιδεύ-**σαι,** -**σειε**(ν)	παιδεύ-**σαι**το	παιδευ-**θείη**
Pl. 1.	παιδεύ-**σαι**μεν	παιδευ-**σαί**μεθα	παιδευ-**θεῖ**μεν
2.	παιδεύ-**σαι**τε	παιδεύ-**σαι**σθε	παιδευ-**θεῖ**τε
3.	παιδεύ-**σαιε**ν -**σεια**ν	παιδεύ-**σαι**ντο	παιδευ-**θεῖ**εν

Bildung: Aoristsignal + **ι/ιη/ιε** + Sekundärendungen.
Der **Optativ Aorist** hat **keine Vergangenheitsbedeutung;** zur Differenzierung vom Präsens Optativ siehe 6.7 (Tempus und Aspekt); zur **Bedeutung** des Optativs siehe **6.10.**

d. Imperativ

Aktiv	Medium	Passiv
παίδευ-**σον** (!) παιδεύ-**σατε**	παίδευ-**σαι** (Akzent!) παιδεύ-**σασθε**	παιδεύ-**θητι** <-θηθι παιδεύ-**θητε**
Erzieh! Erzieht!	Erzieh (für) dich!...	Laß dich erziehen!...

Zur Differenzierung vom Imperativ Präsens siehe 6.7 (Tempus und Aspekt).

e. Infinitiv

Aktiv	Medium	Passiv
παιδεῦ-**σαι** (Akzent!)	παιδεύ-**σασθαι**	παιδευ-**θῆναι**

f. Partizip

	Aktiv	Medium	Passiv
m.	παιδεύ-**σας,**-σαντος	παιδευ-**σάμενος**	παιδευ-**θείς,**-θέντος
f.	παιδεύ-**σασα,**-σάσης	παιδευ-**σαμένη**	παιδευ-**θεῖσα,**-σης
n.	παιδεῦ-**σαν,**-σαντος	παιδευ-**σάμενον**	παιδευ-**θέν,**-θέντος

Infinitiv und **Partizip** haben **keine Vergangenheitsbedeutung;** es kann jedoch aufgrund des Kontexts z. B. das Partizip im Aorist vorzeitig übersetzt werden; zur Differenzierung vom Präsens Infinitiv bzw. Partizip siehe 6.7.
Deklination: Siehe 2.2.

g. Aktive und mediale Aoristbildung der Guttural-, Labial-, Dentalstämme

• **γ, κ, χ, (-ττ) + σ > ξ**	ἄρ**χ**ω (herrschen)	ἦρ**ξ**α
	φυλά**ττ**ω (bewachen)	ἐφύλα**ξ**α
• **β, π, φ, (-πτ) + σ > ψ**	βλέ**π**ω (sehen)	ἔβλε**ψ**α
	βλά**πτ**ω (schädigen)	ἔβλα**ψ**α
• **δ, τ, θ, (-ζ) + σ > σ**	πεί**θ**ω (überreden)	ἔπει**σ**α
	νομί**ζ**ω (glauben)	ἐνόμι**σ**α

h. Aktive und mediale Aoristbildung der Verba liquida

Präsens	Verbalstamm	Aoristbildung
μένω (bleiben)	μεν-	*ἔ-μεν-σα > ἔ-μ**ει**να
ἀγγέλλω (melden)	ἀγγελ-	*ἤγγελ-σα > ἤγγ**ει**λα
φαίνω (zeigen)	φαν-	*ἔ-φαν-σα > ἔ-φ**η**να

! σ fällt aus und bewirkt eine Ersatzdehnung!

i. Aorist Passiv der Guttural-, Labial-, Dentalstämme

Aspiration (Behauchung) des auslautenden Stammkonsonanten (Hauchassimilation):

• Guttural + θ > **χθ**	ἄ**γ**ω (führen)	ἤ**χθ**ην
• Labial + θ > **φθ**	βλέ**π**ω (sehen)	ἐβλέ**φθ**ην
• Dental + θ > **σθ**	πεί**θ**ω (überreden)	ἐπεί**σθ**ην

! Einige Formen von παιδεύω werden in der folgenden Zusammenfassung wiederholt; achte auf die Akzente:

ἐπαιδεύομεν – wir erzogen
ἐπαιδευόμην – ich wurde erzogen
παιδεύου – laß dich erziehen! *(Passiv)*
παίδευσον – erziehe!
ἐπαιδεύου – du wurdest erzogen
παιδεύσας – einer, der erzieht (erzogen hat)
ἐπαίδευσας – du erzogst

παιδεύουσι – 1. sie erziehen
2. Dat. Pl. Part. Akt. m. und n.: welchen, die erziehen
παιδεῦσον – Part. Fut. Akt. Nom. n.: [„etwas, das erziehen wird/soll"]
παιδεῦσαι – zu erziehen
παίδευσαι – erziehe dich (in deinem Interesse)!
παιδεύσαι – er/sie soll erziehen; vielleicht erzieht er/sie

A Die Formen des **Imperativs der 3. Person:** er/sie soll erziehen, sie sollen erziehen usw.:

Präs. Akt.: παιδευ-έτω, παιδευ-όντων
Aor. Akt.: παιδευ-σάτω, παιδευ-σάντων
Med./Pass.: παιδευ-έσθω, παιδευ-έσθων
Med.: παιδευ-σάσθω, παιδευ-σάσθων
Pass.: παιδευ-θήτω, παιδευ-θέντων

3.2.4.2 Starker Aorist

Der starke Aorist im Aktiv und Medium wird vom Verbalstamm oder einem anderen Stamm gebildet und ist so gegenüber dem Präsensstamm durch eine Stammveränderung gekennzeichnet (vgl. im Deutschen: gehen – ging – gegangen).
Abgesehen von einigen Akzentveränderungen gleichen die Endungen dem Imperfekt [!] bzw. dem Präsens (alle übrigen Modi und Nominalformen).
Die Veränderung des Stammes erschwert in vielen Fällen das Erkennen der Lexikonform, so daß die wichtigsten Verbalstammformen in einer eigenen Liste (siehe 3.6) zusammengefaßt sind.
Der starke Aorist Passiv wird ohne θ gebildet.

	λείπω (verlassen) – ἔ-λιπ-ον (ich verließ)		κόπτω (schlagen) – ἐ-κόπ-**η**ν (ich wurde geschlagen)
	Indikativ **Akt.**	**Med.**	**Pass.**
Sg. 1.	ἔ-λιπ-ον	ἐ-λιπ-όμην	ἐ-κόπ-ην
2.	ἔ-λιπ-ες	ἐ-λίπ-ου	ἐ-κόπ-ης
3.	ἔ-λιπ-ε(ν)	ἐ-λίπ-ετο	ἐ-κόπ-η
Pl. 1.	ἐ-λίπ-ομεν	ἐ-λιπ-όμεθα	ἐ-κόπ-ημεν
2.	ἐ-λίπ-ετε	ἐ-λίπ-εσθε	ἐ-κόπ-ητε
3.	ἔ-λιπ-ον	ἐ-λίπ-οντο	ἐ-κόπ-ησαν
	Konjunktiv **Akt.**	**Med.**	**Pass.**
Sg. 1.	λίπ-ω	λίπ-ωμαι	κοπ-ῶ
2.	λίπ-ῃς	λίπ-ῃ	κοπ-ῇς
3.	λίπ-ῃ	λίπ-ηται	κοπ-ῇ
Pl.	*usw.*	*usw.*	*usw.*
	Optativ **Akt.**	**Med.**	**Pass.**
	λίπ-οιμι	λιπ-οίμην	κοπ-είην
	λίπ-οις	λίπ-οιο	κοπ-είης
	λίπ-οι	λίπ-οιτο	κοπ-είη
	usw.	*usw.*	*usw.*
	Imperativ **Akt.**	**Med.**	**Pass.**
Sg.	λίπ-ε	λιπ-οῦ (Akzent!)	κόπ-**ηθι**
Pl.	λίπ-ετε	λίπ-εσθε	κόπ-ητε
	Infinitiv **Akt.**	**Med.**	**Pass.**
	λιπ-εῖν	λιπ-έσθαι (Akzent!)	κοπ-ῆναι
	Partizip **Akt.**	**Med.**	**Pass.**
m.	λιπ-ών, -όντος	λιπ-όμενος	κοπ-είς, -έντος
f.	λιπ-οῦσα, -ούσης	λιπ-ομένη	κοπ-εῖσα, -είσης
n.	λιπ-όν, -όντος (Akzent!)	λιπ-όμενον	κοπ-έν, -έντος

Einige **Beispiele für Stammveränderungen** des starken Aorists Akt. und Med.:

γί**γν**ομαι	werden, entstehen	ἐ**γεν**όμην	**γεν**έσθαι
ἔχω	haben, halten	ἔ**σχ**ον	**σχ**εῖν *Merke* Imp.: σχές
πάσχω < *παθ-σκω	leiden, erfahren	ἔ**παθ**ον	**παθ**εῖν
πί**πτ**ω	fallen	ἔ**πεσ**ον	**πεσ**εῖν

Aoristbildung von anderen Stämmen:

αἱρέω	nehmen, Med.: wählen	**εἷλ**ον	**ἑλ**εῖν
ἔρχομαι	kommen, gehen	**ἦλθ**ον	**ἐλθ**εῖν
λέγω	sagen, nennen	**εἶπ**ον	**εἰπ**εῖν *Merke* Imp. εἰπέ
ὁράω	sehen	**εἶδ**ον	**ἰδ**εῖν *Merke:* Imp. ἰδού

Aorist mit Reduplikation (+ Dehnung):

φέρω	tragen	ἤν**εγκ**ον (+ Stammveränderung!)	ἐν**εγκ**εῖν
ἄγω	führen; ziehen (wohin)	ἤγαγον	ἀγαγεῖν

Der **starke Aorist** im **Passiv** wird **ohne θ** gebildet; außerdem kann der Stamm verändert werden:

• Ablaut ε > α	**κλέπτ**ω (stehlen)	ἐ**κλάπ**ην
	τρέπω (wenden)	ἐ**τράπ**ην
	στέλλω (senden)	ἐ**στάλ**ην
	δια**φθείρ**ω (verderben)	διε**φθάρ**ην
• Hauchdissimilation	**θάπτ**ω (bestatten)	ἐ**τάφ**ην (Stamm: *θαφ)

3.2.4.3 Wurzelaorist

St.	στη-, στα-	βη-, βα-	γνω-, γνο-
Ind.	ἔ-στη-ν ἔ-στη-ς ἔ-στη ἔ-στη-μεν ἔ-στη-τε ἔ-στη-σαν	ἔ-βη-ν ἔ-βη-ς ἔ-βη ἔ-βη-μεν ἔ-βη-τε ἔ-βη-σαν	ἔ-γνω-ν ἔ-γνω-ς ἔ-γνω ἔ-γνω-μεν ἔ-γνω-τε ἔ-γνω-σαν
Opt.	σταίην σταίης σταίη σταῖμεν σταῖτε σταῖεν	βαίην βαίης βαίη βαῖμεν βαῖτε βαῖεν	γνοίην γνοίης γνοίη γνοῖμεν γνοῖτε γνοῖεν

Das wichtigste Merkmal der Wurzelaoriste ist, daß an die Verbalwurzel die Endung ohne Bildevokal tritt; im Indikativ weisen sie die aktiven sekundären Personalendungen auf.
Die wichtigsten Verba mit Wurzelaorist sind:

ἵσταμαι (sich stellen, treten, (s. 3.4.1) – **ἔστην** (ich stellte mich, ich trat) **βαίνω** (gehen) – **ἔβην** (ich ging), **γιγνώσκω** (kennenlernen) – **ἔγνων** (ich lernte kennen).

Konj.	στῶ στῇς στῇ στῶμεν στῆτε στῶσι(ν)	βῶ βῇς βῇ βῶμεν βῆτε βῶσι(ν)	γνῶ γνῷς γνῷ γνῶμεν γνῶτε γνῶσι(ν)
Imp. Sg. Pl.	στῆ-θι στῆ-τε	βῆ-θι βῆ-τε	γνῶ-θι γνῶ-τε
Inf.	στῆ-ναι	βῆ-ναι	γνῶ-ναι
Part.	στάς, -άντος στᾶσα, -σης στάν, -άντος	βάς, βάντος βᾶσα, -σης βάν, βάντος	γνούς, γνόντος γνοῦσα, -σης γνόν, γνόντος

3.2.5 Perfekt

Das griechische Perfekt ist **kein Vergangenheitstempus** (kein Augment!), sondern bezeichnet den **Aspekt des Resultats, des Nachwirkens** einer vergangenen Handlung in der Gegenwart. Die wichtigsten vom Perfektstamm gebildeten Formen sind Perfekt Indikativ, Infinitiv und Partizip. Weiter gibt es das Plusquamperfekt, ein Perfektfutur (Futur II) und andere Modi, die vom Perfektstamm gebildet werden.
Die wichtigsten **Kennzeichen** des Perfekts **Aktiv** sind: **Reduplikation,** Stamm, **-κα-** („schwaches" Perfekt) oder **-α-** (+ Stammveränderungen, „starkes Perfekt") als Tempuskennzeichen und die (nach der 3. P. Pl. den primären zuzurechnenden) Personalendungen. Die wichtigsten Kennzeichen des **medial-passiven Perfekts** sind: **Reduplikation,** Stamm, primäre Personalendungen *ohne* Bildevokal.

a. Schwaches Perfekt Aktiv und Medium/Passiv

	Indikativ Akt.	Med./Pass.
Sg. 1. 2. 3. Pl. 1. 2. 3.	**πε**-παίδευ-**κα** **πε**-παίδευ-**κα-ς** **πε**-παίδευ-**κε**(ν) **πε**-παιδεύ-**κα-μεν** **πε**-παιδεύ-**κα-τε** **πε**-παιδεύ-**κα-σι(ν)**	**πε**-παίδευ-**μαι** **πε**-παίδευ-**σαι** **πε**-παίδευ-**ται** **πε**-παιδεύ-**μεθα** **πε**-παίδευ-**σθε** **πε**-παίδευ-**νται** (πεπαιδευμένοι, -αι εἰσίν)
	ich habe erzogen	ich bin erzogen ich habe mich/für mich erzogen

	Infinitiv Akt.	Med./Pass.
	πε-παιδευ-**κέναι** erzogen haben	**πε**-παιδεῦ-**σθαι** Akzent! erzogen sein, sich/ für sich erzogen haben
	Part. Akt.	Med./Pass.
m. f. n.	**πε**-παιδευ-**κώς,** -κότος **πε**-παιδευ-**κυῖα,** -κυίας **πε**-παιδευ-**κός,** -κότος eine/r/s, der/die/das erzogen hat	**πε**-παιδευ-**μένος** **πε**-παιδευ-**μένη** **πε**-παιδευ-**μένον** eine/r/s, der/die/das erzogen ist

b. Starkes Perfekt Aktiv

Das sogenannte starke Perfekt wird **ohne κ** gebildet. Weiter sind zu beachten:

- **Behauchung** (Aspiration) des auslautenden Konsonanten: ἄγω (führen) – ἦχα, κηρύττω (verkünden) – κεκήρυχα, τάττω (ordnen) – τέταχα, κρύπτω (verbergen) – κέκρυφα.
- **Ablaut ε > α** oder Ablaut **ε > ο:** στέλλω (senden) – ἔσταλκα, πέμπω (schicken) – πέπομφα, λείπω (verlassen) – λέλοιπα.
- Ablaut ε > α auch bei einigen medial-passiven Perfektformen: φθείρω (vernichten) – ἔφθαρμαι, τρέπω (wenden) – τέτραμμαι.

c. Perfekt Medium/Passiv der Guttural-, Labial-, Dentalstämme

τάττω (ordnen) – τέ-ταγ-μαι	λείπω (verlassen) – λέ-λειμμαι	πείθω (überzeugen) – πέ-πεισμαι
Guttural *Indikativ*	Labial *Indikativ*	Dental *Indikativ*
τέ-τα**γ**-μαι τέ-τα**ξ**αι <*τε-ταγ-σαι τέ-τα**κ**-ται <*τε-ταγ-ται τε-τά**γ**-μεθα τέ-τα**χθ**ε <*τε-ταγ-σθε τετα**γ**-μένοι, -αι εἰσίν *3. P. Pl. wird stets mit Part. + εἰσίν umschrieben*	λέ-λει**μ**μαι <*λε-λειπ-μαι λέ-λει**ψ**αι <*λε-λειπ-σαι λέ-λει**π**-ται λε-λεί**μ**μεθα λέ-λει**φθ**ε <*λε-λειπ-σθε λε-λει**μ**μένοι, -αι εἰσίν	πέ-πει**σ**μαι <*πε-πειθ-μαι πέ-πει**σ**αι <*πε-πειθ-σαι πέ-πει**σ**ται πε-πεί**σ**μεθα πέ-πει**σ**θε πε-πει**σ**μένοι, -αι εἰσίν
Infinitiv	*Infinitiv*	*Infinitiv*
τε-τά**χθ**αι <*τε-ταγ-σθαι Akzent!	λε-λεῖ**φθ**αι <*λε-λειπ-σθαι Akzent!	πε-πεῖσθαι Akzent!
Partizip	*Partizip*	*Partizip*
τε-τα**γ**-μένος, -η, -ον Akzent!	λε-λει**μ**μένος, -η, -ον Akzent!	πε-πει**σ**μένος, -η, -ον Akzent!

d. Reduplikationsregeln

Die Reduplikation steht im Gegensatz zum Augment in allen Modi und Nominalformen:

1. Ein anlautender Konsonant: Reduplikation wird durch Konsonant + ε gebildet: **τ**ε-**τ**ίμηκα, **π**ε-**π**οίηκα,
2. Ein anlautender behauchter Konsonant: Reduplikation wird durch harten Konsonanten (Tenuis) + ε gebildet: **τ**ε-**θ**αύμακα, **π**ε-**φ**όνευκα, **κ**ε-**χ**ώρηκα.
3. Muta cum liquida (Guttural, Labial, Dental mit λ oder ρ): Reduplikation wird durch anlautenden Konsonanten + ε gebildet: **δρ**άω – **δ**έ-**δρ**ακα.
4. Zwei oder mehrere anlautende Konsonanten oder Doppelkonsonanten (ψ, ζ, ξ): Reduplikation wird wie ein Silbenaugment gebildet: **ἐ**-στράτευκα.
5. Anlautender Vokal: Reduplikation wird wie ein Dehnungsaugment gebildet: **ἀ**γγέλλω – **ἤ**γγελκα.
6. Anlautendes ῥ: Reduplikation wird durch ε + Verdoppelung des ρ gebildet: **ῥ**ίπτω – **ἔρρ**ιφα (Perfekt ohne κ = starkes Perfekt).
7. *Sogenannte attische Reduplikation:* ἀκούω (hören) – ἀκήκοα (bei einigen vokalisch anlautenden Verben).

A Das griechische **Plusquamperfekt** und seine Formen (im Akt. gibt es noch Varianten):
Akt.: **ἐ**πεπαιδεύ**κειν**, **ἐ**πεπαιδεύ**κεις**, **ἐ**πεπαιδεύ**κει**, **ἐ**πεπαιδεύ**κε**μεν, **ἐ**πεπαιδεύ**κε**τε, **ἐ**πεπαιδεύ**κε**σαν.
Med./Pass.: **ἐ**πεπαιδεύ**μην**, **ἐ**πεπαίδευ**σο**, **ἐ**πεπαίδευ**το**, **ἐ**πεπαιδεύ**μεθα**, **ἐ**πεπαίδευ**σθε**, **ἐ**πεπαίδευ**ντο**.

3.3 Verba contracta

Zu den Verba contracta werden alle Verba gezählt, deren Präsensstamm auf -ε-, -α-, -ο- endet. Die auslautenden Vokale des Stamms werden mit den Personalendungen bzw. den Bildevokalen kontrahiert: ποιέ-ω > ποιῶ, τιμά-ετε > τιμᾶτε usw. Die Verba contracta werden dabei nach demselben Muster wie παιδεύω konjugiert, es gelten jedoch bestimmte Kontraktionsregeln. Da die Verba auf -όω im Präsens und Imperfekt selten vorkommen, werden sie nicht ausführlich besprochen.

3.3.1 Die kontrahierten Tempora und Modi

Verba auf **-ε:** ποιέ-ω (machen)	Verba auf **-α:** τιμά-ω (verehren)
ε + ε > ει ποίε-ε > ποίει **ε + ο > ου** ποιέ-ομεν > ποιοῦμεν ε wird von langem Vokal/Diphthong verschlungen ποιέ-ω > ποιῶ	**α + E-Laut** (ε, η) > **α** τίμα-ε > τίμα **α + O-Laut** (ο, ω, ου) > **ω** τιμά-ω > τιμῶ Das ι wird subskribiert: τιμά-ει > τιμᾷ

Die Kontraktionsregeln der **Verba auf -ο** (δουλόω): ο + ε, ο, ου > ου
ο + η, ω > ω
ο + ει, οι, ῃ > οι

	Aktiv	Med./Pass.	Aktiv	Med./Pass.
Präs. Sg. 1. *Ind.*	ποιῶ	ποιοῦμαι	τιμῶ	τιμῶμαι
2.	ποιεῖς	ποιῇ(-εῖ) (!)	τιμᾷς	τιμᾷ
3.	ποιεῖ	ποιεῖται	τιμᾷ	τιμᾶται
Pl. 1.	ποιοῦμεν	ποιούμεθα	τιμῶμεν	τιμώμεθα
2.	ποιεῖτε	ποιεῖσθε	τιμᾶτε	τιμᾶσθε
3.	ποιοῦσι(ν)	ποιοῦνται	τιμῶσι(ν)	τιμῶνται
Opt. Sg. 1.	ποιοίην	ποιοίμην	τιμῴην	τιμῴμην
2.	ποιοίης	ποιοῖο	τιμῴης	τιμῷο
3.	ποιοίη	ποιοῖτο	τιμῴη	τιμῷτο
Pl. 1.	ποιοῖμεν	ποιοίμεθα	τιμῷμεν	τιμῴμεθα
2.	ποιοῖτε	ποιοῖσθε	τιμῷτε	τιμῷσθε
3.	ποιοῖεν	ποιοῖντο	τιμῷεν	τιμῷντο
Imp. Sg.	ποίει	ποιοῦ	τίμᾱ (!)	τιμῶ (!)
Pl.	ποιεῖτε	ποιεῖσθε	τιμᾶτε	τιμᾶσθε
Inf.	ποιεῖν	ποιεῖσθαι	τιμᾶν	τιμᾶσθαι
Part. m.	ποιῶν, -οῦντος	ποιούμενος	τιμῶν, -ῶντος	τιμώμενος
f.	ποιοῦσα, -ούσης	ποιουμένη	τιμῶσα,-ώσης	τιμωμένη
n.	ποιοῦν, -οῦντος	ποιούμενον	τιμῶν,-ῶντος	τιμώμενον
Impf. Sg. 1.	ἐποίουν (!)	ἐποιούμην	ἐτίμων (!)	ἐτιμώμην
2.	ἐποίεις	ἐποιοῦ	ἐτίμᾱς	ἐτιμῶ (!)
3.	ἐποίει	ἐποιεῖτο	ἐτίμᾱ	ἐτιμᾶτο
Pl. 1.	ἐποιοῦμεν	ἐποιούμεθα	ἐτιμῶμεν	ἐτιμώμεθα
2.	ἐποιεῖτε	ἐποιεῖσθε	ἐτιμᾶτε	ἐτιμᾶσθε
3.	ἐποίουν (!)	ἐποιοῦντο	ἐτίμων (!)	ἐτιμῶντο

- Der **Konjunktiv** ist ebenfalls nach den Kontraktionsregeln zu bilden:
ποιῶ, ποιῇς usw.
Bei τιμάω ist der Konjunktiv vom Indikativ nicht zu unterscheiden.
- Beim Imperfekt 3. P. Sg. Akt. gibt es kein bewegliches ν.
- Einige Formen der Verba contracta sind besonders schwer auseinanderzuhalten:

ποιεῖ – er/sie macht
ποίει – mache!
ἐποιοῦ – du wurdest gemacht.
ποιοῦ – (Imperativ Sg. Med. Pass.)

τιμᾶν – (zu)verehren (ohne Iota subscriptum)
τιμᾷ – 1. er verehrt
2. du wirst verehrt
τίμα – verehre!
τιμῶ – 1. ich verehre
2. werde verehrt!, laß dich verehren!

Im Kontext sind „gleichlautende“ Formen aber stets eindeutig!

- Einzelne **Verba** lauten unkontrahiert **auf -ήω:** ζῶ (leben) und χρῶμαι (gebrauchen), sie kontrahieren η + E-Laut zu η, sonst gleichen sie den Verba contracta auf -άω:
ζῶ, ζῇς, ζῇ usw., Inf.: ζῆν   χρῶμαι, χρῇ usw. Inf.: χρῆσθαι

3.3.2 Die übrigen Tempora der Verba contracta

Die Kontraktion tritt nur bei den Tempora und Modi des Präsensstamms (Präsens und Imperfekt) auf. Die anderen Tempora werden **mit Dehnung des auslautenden Stammvokals** nach dem Muster von παιδεύω gebildet:

	Fut.:	**Aor.:**	**Perf.:**
ποι**έ**-ω (machen)	ποι**ή**-σω	ἐποί**η**-σα	πεποί**η**-κα
		ἐποι**ή**-θην	πεποί**η**-μαι
φιλ**έ**-ω (lieben)	φιλ**ή**-σω	ἐφίλ**η**-σα	πεφίλ**η**-κα
		ἐφιλ**ή**-θην	πεφίλ**η**-μαι
anders: καλέ-ω (rufen)	καλέ-σω	ἐκάλε-σα	(κέκληκα)
τιμ**ά**-ω (verehren)	τιμ**ή**-σω	ἐτίμ**η**-σα	τετίμ**η**-κα
		ἐτιμ**ή**-θην	τετίμ**η**-μαι
νικ**ά**-ω (siegen)	νικ**ή**-σω	ἐνίκ**η**-σα	νενίκ**η**-κα
		ἐνικ**ή**-θην	νενίκ**η**-μαι
anders: γελά-ω (lachen)	γελά-σω	ἐγέλα-σα	–
δρά-ω (tun)	δρά-σω	ἔδρα-σα	δέδρα-κα
πειρά-ομαι (versuchen)	πειρά-σομαι	ἐπειρα-σάμην(-θην)	
δουλ**ό**-ω (versklaven)	δουλ**ώ**-σω	ἐδούλ**ω**-σα	δεδούλ**ω**-κα
		ἐδουλ**ώ**-θην	δεδούλ**ω**-μαι

3.4 Verba auf -μι

Die Verba auf -μι sind dadurch gekennzeichnet, daß sie ihre Formen **ohne** die **Bildevokale** ε/ο bilden.
Die häufigsten Gruppen der Verba auf -μι sind:

- Präsens mit Reduplikation: δίδωμι (geben), τίθημι (setzen, stellen, legen), ἵστημι [< * σι-στη-μι] (stellen), ἵημι (senden).
- Wurzelpräsentia: εἶμι (ich werde gehen), φημί (sagen).

Die **Personalendungen** weichen z. T. von denen der Verba auf -ω ab:
Primäre Personalendungen Aktiv: *Sg.* **-μι,** -ς, **-σι**(ν), *Pl.* -μεν, -τε, **-ασι**(ν).
Alle übrigen Endungen bleiben im Vergleich zur Konjugation auf -ω unverändert; siehe 3.2.0.

3.4.1 δίδωμι – τίθημι – ἵημι – ἵστημι

Präsens		**Aktiv**			
St.		διδω-, διδο-	τιθη-, τιθε-	ἱη-, ἱε-	ἱστη-, ἱστα-
Ind.	Sg.	δίδω-μι	τίθη-μι	ἵη-μι	ἵστη-μι
		δίδω-ς	τίθη-ς	ἵη-ς	ἵστη-ς
		δίδω-σι(ν)	τίθη-σι(ν)	ἵη-σι(ν)	ἵστη-σι(ν)
	Pl.	δίδο-μεν	τίθε-μεν	ἵε-μεν	ἵστα-μεν
		δίδο-τε	τίθε-τε	ἵε-τε	ἵστα-τε
		διδό-ασι(ν)	τιθέ-ασι(ν)	ἱᾶσι(ν)	ἱστᾶσι(ν)

Präsens	Aktiv			
Konj. Sg. Pl.	διδῶ διδῷς διδῷ διδῶμεν διδῶτε διδῶσι(ν)	τιθῶ τιθῇς τιθῇ τιθῶμεν τιθῆτε τιθῶσι(ν)	ἱῶ ἱῇς ἱῇ ἱῶμεν ἱῆτε ἱῶσι(ν)	ἱστῶ ἱστῇς ἱστῇ ἱστῶμεν ἱστῆτε ἱστῶσι(ν)
Opt. Sg. Pl.	διδοίην διδοίης διδοίη διδοῖμεν διδοῖτε διδοῖεν	τιθείην τιθείης τιθείη τιθεῖμεν τιθεῖτε τιθεῖεν	ἱείην ἱείης ἱείη ἱεῖμεν ἱεῖτε ἱεῖεν	ἱσταίην ἱσταίης ἱσταίη ἱσταῖμεν ἱσταῖτε ἱσταῖεν
Imp. Sg. Pl.	δίδου δίδοτε	τίθει τίθετε	ἵει ἵετε	ἵστη ἵστατε
Inf.	διδό-ναι	τιθέ-ναι	ἱέ-ναι	ἱστά-ναι
Part. m. f. n.	διδούς, -όντος διδοῦσα, -ούσης διδόν, -όντος	τιθείς, -έντος τιθεῖσα, -είσης τιθέν, -έντος	ἱείς, -έντος ἱεῖσα, -είσης ἱέν, -έντος	ἱστάς, -άντος ἱστᾶσα, -άσης ἱστάν, -άντος

Präsens	Medium			
Ind.	δίδο-μαι δίδο-σαι *usw.*	τίθε-μαι τίθε-σαι *usw.*	ἵε-μαι ἵε-σαι *usw.*	ἵστα-μαι ἵστα-σαι *usw.*
Konj.	διδῶ-μαι διδῷ διδῶ-ται *usw.*	τιθῶ-μαι τιθῇ τιθῆ-ται *usw.*	ἱῶ-μαι ἱῇ ἱῆ-ται *usw.*	ἱστῶ-μαι ἱστῇ ἱστῆ-ται *usw.*
Opt.	διδοί-μην διδοῖ-ο διδοῖ-το *usw.*	τιθεί-μην τιθεῖ-ο τιθεῖ-το *usw.*	ἱεί-μην ἱεῖ-ο ἱεῖ-το *usw.*	ἱσταί-μην ἱσταῖ-ο ἱσταῖ-το *usw.*
Imp. Sg. Pl.	δίδο-σο δίδο-σθε	τίθε-σο τίθε-σθε	ἵε-σο ἵε-σθε	ἵστα-σο ἵστα-σθε
Inf.	δίδο-σθαι	τίθε-σθαι	ἵε-σθαι	ἵστα-σθαι
Part.	διδό-μενος, -η, -ον *usw.*	τιθέ-μενος, -η, -ον *usw.*	ἱέ-μενος, -η, -ον *usw.*	ἱστά-μενος, -η, -ον *usw.*

A Das **Imperfekt der Verba auf -μι** ist anhand der sekundären Personalendungen (Aktiv und Med./Pass.) leicht erkennbar: z. B.: ἐδίδου-ν (ich gab), ἐδίδο-μεν (wir gaben) usw.
Ebenso sind die **Verba auf -νυμι** anhand der Personalendungen erkennbar:
Präs. Akt.: δείκνυ-μι (zeigen), δείκνυ-ς, δείκνυ-σι, δείκνυ-μεν, δείκνυ-τε, δεικνύ-ασι(ν).

Aorist	Aktiv			Medium		
St.	δω-, δο-	θη-, θε-	ἡ-, ἑ-			
Ind. Sg.	ἔ-δω-**κα**	ἔ-θη-**κα**	ἧ-**κα**	ἐ-δό-μην	ἐ-θέ-μην	εἵ-μην
	ἔ-δω-**κα-ς**	ἔ-θη-**κα-ς**	ἧ-**κα-ς**	ἔ-δου	ἔ-θου	εἷ-σο
	ἔ-δω-**κε**(ν)	ἔ-θη-**κε**(ν)	ἧ-**κε**(ν)	ἔ-δο-το	ἔ-θε-το	εἷ-το
Pl.	ἔ-δο-μεν	ἔ-θε-μεν	εἷ-μεν	ἐ-δό-μεθα	ἐ-θέ-μεθα	εἵ-μεθα
	ἔ-δο-τε	ἔ-θε-τε	εἷ-τε	ἔ-δο-σθε	ἔ-θε-σθε	εἷ-σθε
	ἔ-δο-σαν	ἔ-θε-σαν	εἷ-σαν	ἔ-δο-ντο	ἔ-θε-ντο	εἷ-ντο
Konj. Sg.	δῶ	θῶ	ὧ	δῶ-μαι	θῶ-μαι	ὧ-μαι
	δῷ-ς	θῇ-ς	ᾗς	δῷ	θῇ	ᾗ
	δῷ	θῇ	ᾗ	δῶ-ται	θῆ-ται	ἧ-ται
Pl.	δῶ-μεν	θῶ-μεν	ὧ-μεν	δώ-μεθα	θώ-μεθα	ὥ-μεθα
	δῶ-τε	θῆ-τε	ἧ-τε	δῶ-σθε	θῆ-σθε	ἧ-σθε
	δῶ-σι(ν)	θῶ-σι(ν)	ὧ-σι(ν)	δῶ-νται	θῶ-νται	ὧ-νται
Opt. Sg.	δοίη-ν	θείη-ν	εἵη-ν	δοί-μην	θεί-μην	εἵ-μην
	δοίη-ς	θείη-ς	εἵη-ς	δοῖ-ο	θεῖ-ο	εἷ-ο
	δοίη	θείη	εἵη	δοῖ-το	θεῖ-το	εἷ-το
Pl.	δοῖ-μεν	θεῖ-μεν	εἵη-μεν εἷ-μεν	δοί-μεθα	θεί-μεθα	εἵ-μεθα
	δοῖ-τε	θεῖ-τε	εἵη-τε εἷ-τε	δοῖ-σθε	θεῖ-σθε	εἷ-σθε
	δοῖε-ν	θεῖε-ν	εἵη-σαν εἷε-ν	δοῖ-ντο	θεῖ-ντο	εἷ-ντο
Imp. Sg.	δό-ς	θέ-ς	ἕ-ς	δοῦ	θοῦ	οὗ
Pl.	δό-τε	θέ-τε	ἕ-τε	δό-σθε	θέ-σθε	ἕ-σθε
Inf.	δοῦναι	θεῖναι	εἷναι	δό-σθαι	θέ-σθαι	ἕ-σθαι
Part. m.	δούς, δόντος	θείς, θέντος	εἵς, ἕντος	δό-μενος	θέ-μενος	ἕ-μενος
f.	δοῦσα, δούσης	θεῖσα, θείσης	εἷσα, εἵσης	usw.	usw.	usw.
n.	δόν, δόντος	θέν, θέντος	ἕν, ἕντος			

- Die Stammformen der Verba auf -μι:

δίδωμι	δώσω	ἔδωκα	ἐδόθην	δέδωκα	δέδομαι
τίθημι	θήσω	ἔθηκα	ἐτέθην	τέθηκα	**κεῖμαι**
ἵημι	ἥσω	ἧκα	εἵθην	εἷκα	εἷμαι
ἵστημι	στήσω	ἔστησα	ἐστάθην	–	–
ἵσταμαι	στήσομαι	ἔστην *(Wurzelaorist)*		ἕστηκα	(sich stellen, treten)

- Formen, die leicht zu verwechseln sind:

ἔδωκα – ich gab	δέδωκα – ich habe gegeben
δός – gib!	δούς – einer, der gibt (gegeben hat)
ἰέναι – (zu) gehen	ἱέναι – (zu) schicken
εἶναι – (zu) sein	εἷναι – (zu) schicken
ἕς – schicke!	εἵς – einer, der schickt (geschickt hat)
εἰς – in	εἷς – einer, ein

3.4.2 Wurzelpräsentia

● **εἶμι** hat im Indikativ immer Futurbedeutung (ich werde gehen), in den anderen Modi meistens Präsensbedeutung. Die Stämme von εἶμι sind εἰ-/ἰ-.

Ind. (Futur!)	Impf.	*Konj.*	*Opt.*	*Inf.*
εἶ-μι ich werde gehen εἶ εἶ-σι ἴ-μεν ἴ-τε ἴ-ασι(ν)	ᾖ-α ich ging ᾔ-εις ᾔ-ει ᾖ-μεν ᾖ-τε ᾖ-σαν	ἴ-ω ἴ-ῃς *usw.*	ἴ-οι-μι ἴ-οι-ς *usw.*	ἰ-έναι
		Imp.		*Part.*
		Sg. ἴ-θι geh! Pl. ἴ-τε geht!		m. ἰ-ών, -όντος f. ἰ-οῦσα, -ούσης n. ἰ-όν, -όντος

● **φημί** (sagen, behaupten) ist im Indikativ Präsens (außer 2. P. Sg.) enklitisch, Stämme: φη-, φα-.

Ind: Präs.	Impf.	*Konj.*	*Imp.*
φη-μι ich sage φή-ς φη-σι(ν) φα-μεν φα-τε φα-σι(ν)	ἔ-φη-ν ich sagte ἔ-φη-**σθα** ἔ-φη ἔ-φα-μεν ἔ-φα-τε ἔ-φα-σαν	φῶ φῇ-ς *usw.*	Sg. φά-θι sag! Pl. φά-τε sagt!
		Opt.	*Inf.*
		φαίη-ν φαίη-ς *usw.*	φά-ναι

3.5 οἶδα

οἶδα ist (wie „ich weiß") eigentlich ein Perfekt: ich habe gesehen, ich habe kennengelernt → ich weiß. Die Formen von οἶδα zeigen drei Stammvarianten: οἰδ-, εἰδ-, ἰδ- (< Ϝοιδ-, Ϝειδ-, Ϝιδ-, vgl. „video" und „wissen").

Ind.	*Konj.*	„Plpf."	Fut.	*Imp.*	*Part.*
οἶδ-α οἶσ**θα** οἶδ-ε(ν) ἴσ-μεν ἴσ-τε ἴσ-ασι(ν) ich weiß	εἰδῶ εἰδῇς *usw.*	ᾔδ-η, -ειν ᾔδ-ησθα, -εις ᾔδ-ει ᾔδ-ε-μεν ᾔδ-ε-τε ᾔδ-εσαν ich wußte	εἴσομαι εἴσῃ *usw.* ich werde wissen	ἴσ-θι, ἴσ-τε wisse! wißt!	εἰδ-ώς, -ότος εἰδ-υῖα, -υίας εἰδ-ός, -ότος
	Opt.			*Inf.*	
	εἰδείην εἰδείης *usw.*			εἰδ-έναι wissen	

Formen, die gleich bzw. leicht verwechselbar sind:

εἰμί – ich bin, εἶμι – ich werde gehen, οἶδα – ich weiß | ἦμεν – wir waren
ἴσθι – 1. sei! 2. wisse! | ἴθι – geh! wohlan! | ᾖμεν – wir gingen
ἴμεν – wir werden gehen
ἴσμεν – wir wissen | ἴτε – geht! | ἦσαν – sie waren
ἴστε – wisset! | ἔστε (δίκαιοι) – seid (gerecht)! | ᾖσαν – sie gingen

3.6 Wichtige Verbalstammformen

Die wichtigsten während der Schullektüre vorkommenden Verba sind hier alphabetisch zusammengefaßt. Für die griechischen Verbalstammformen werden folgende Tempora und Genera angeführt: Präsens Aktiv (bzw. Med./Pass.), Futur Aktiv (Med.), Aorist Aktiv (Med.), Aorist Passiv, Perfekt Aktiv, Perfekt Med./Pass.
Manche Verba wechseln das Genus, z. B.: ἀκούω Fut. ἀκούσομαι (ich werde hören), oder ἔρχομαι (ich komme) Aor. ἦλθον (ich kam).
Die Übersicht umfaßt sowohl Verben, die die Tempora mit verschiedenen oder abgewandelten Stämmen bilden, als auch Verben, die einem „regelmäßigen" Paradigma zugehören. (z. B.: Verba liquida etc.): vgl. ἀγγέλλω, πείθω (Dentalstamm), τάττω (Gutturalstamm).
Ein Hinweis: Die Kenntnis der wichtigsten Verbalstammformen erleichert wesentlich das Übersetzen griechischer Texte.

Präsens	Futur	Aorist Akt./Pass. (Med.)	Perfekt Akt./Pass. (Med.)
1. ἀγγέλλω melden	ἀγγελῶ	ἤγγειλα, ἠγγέλθην	ἤγγελκα, ἤγγελμαι
2. ἄγω führen	ἄξω	ἤγαγον, ἤχθην	ἦχα, ἦγμαι
3. αἱρέω nehmen	αἱρήσω	εἷλον, ᾑρέθην	ᾕρηκα, ᾕρημαι
4. αἴρω hochheben	ἀρῶ	ἦρα, ἤρθην	ἦρκα, ἦρμαι
5. αἰσθάνομαι wahrnehmen	αἰσθήσομαι	ᾐσθόμην	ᾔσθημαι
6. ἀκούω hören	ἀκούσομαι	ἤκουσα, ἠκούσθην	ἀκήκοα, ἤκουσμαι
7. ἁμαρτάνω Fehler machen	ἁμαρτήσομαι	ἥμαρτον, ἡμαρτήθην	ἡμάρτηκα, ἡμάρτημαι
8. ἀποθνῄσκω sterben	ἀποθανοῦμαι	ἀπέθανον	τέθνηκα
9. ἀποκτείνω töten	ἀποκτενῶ	ἀπέκτεινα	ἀπέκτονα
10. ἄρχω herrschen, beginnen	ἄρξω	ἦρξα, ἤρχθην	ἦρχα, ἦργμαι
11. ἀφικνέομαι kommen	ἀφίξομαι	ἀφικόμην	ἀφῖγμαι
12. βαίνω gehen	βήσομαι	ἔβην	βέβηκα
13. βάλλω werfen	βαλῶ	ἔβαλον, ἐβλήθην	βέβληκα, βέβλημαι
14. βλάπτω schaden	βλάψω	ἔβλαψα, ἐβλάβην	βέβλαφα, βέβλαμμαι
15. γίγνομαι werden	γενήσομαι	ἐγενόμην	γέγονα (γεγένημαι)
16. γιγνώσκω kennenlernen	γνώσομαι	ἔγνων, ἐγνώσθην	ἔγνωκα, ἔγνωσμαι

	Präsens	Futur	Aorist Akt./Pass. (Med.)	Perfekt Akt./Pass. (Med.)
17.	γράφω schreiben	γράψω	ἔγραψα, ἐγράφην	γέγραφα, γέγραμμαι
18.	δείδω fürchten	δείσομαι	ἔδεισα	δέδοικα (δέδια)
19.	δείκνυμι zeigen	δείξω	ἔδειξα, ἐδείχθην	δέδειχα, δέδειγμαι
20.	δέομαι bedürfen, bitten	δεήσομαι	ἐδεήθην	δεδέημαι
21.	(δια)φθείρω vernichten	φθερῶ	ἔφθειρα, ἐφθάρην	ἔφθαρκα, ἔφθαρμαι
22.	δίδωμι geben	δώσω	ἔδωκα, ἐδόθην	δέδωκα, δέδομαι
23.	δύναμαι können	δυνήσομαι	ἐδυνήθην	δεδύνημαι
24.	ἐλαύνω treiben	ἐλῶ	ἤλασα, ἠλάθην	ἐλήλακα, ἐλήλαμαι
25.	ἐλέγχω prüfen	ἐλέγξω	ἤλεγξα, ἠλέγχθην	–, ἐλήλεγμαι
26.	ἕπομαι folgen	ἕψομαι	ἑσπόμην	–
27.	ἔρχομαι kommen	ἐλεύσομαι	ἦλθον	ἐλήλυθα
28.	ἐρωτάω fragen	ἐρήσομαι	ἠρόμην	–
29.	ἐσθίω essen	ἔδομαι	ἔφαγον	ἐδήδοκα
30.	εὑρίσκω finden	εὑρήσω	ηὗρον, ηὑρέθην	ηὕρηκα, ηὕρημαι
31.	ἔχω haben	ἕξω (σχήσω)	ἔσχον, ἐσχήθην	ἔσχηκα, ἔσχημαι
32.	θάπτω begraben	θάψω	ἔθαψα, ἐτάφην	τέταφα, τέθαμμαι
33.	ἵημι schicken, lassen	ἥσω	ἧκα, εἵθην	εἷκα, εἷμαι
34.	ἵστημι stellen	στήσω	ἔστησα, ἐστάθην	–
35.	ἵσταμαι treten	στήσομαι	ἔστην	ἕστηκα
36.	καλέω rufen	καλέσω	ἐκάλεσα, ἐκλήθην	κέκληκα, κέκλημαι
37.	λαμβάνω nehmen	λήψομαι	ἔλαβον, ἐλήφθην	εἴληφα, εἴλημμαι
38.	λανθάνω verborgen sein	λήσω	ἔλαθον	λέληθα
39.	λέγω sagen	ἐρῶ	εἶπον, ἐρρήθην	εἴρηκα, εἴρημαι
40.	λείπω verlassen	λείψω	ἔλιπον, ἐλείφθην	λέλοιπα, λέλειμμαι
41.	μανθάνω lernen	μαθήσομαι	ἔμαθον	μεμάθηκα

	Präsens	Futur	Aorist Akt./Pass. (Med.)	Perfekt Akt./Pass. (Med.)
42.	μείγνυμι mischen	μείξω	ἔμειξα, ἐμείχθην	–, μέμειγμαι
43.	μιμνῄσκω erinnern	μνήσω	ἔμνησα	–, μέμνημαι
44.	ὄλλυμι zugrunde richten	ὀλῶ	ὤλεσα	ὀλώλεκα
45.	ὄλλυμαι zugrunde gehen	ὀλοῦμαι	ὠλόμην	ὄλωλα
46.	ὁράω sehen	ὄψομαι	εἶδον, ὤφθην	ἑώρακα, ὦμμαι
47.	πάσχω erleiden	πείσομαι	ἔπαθον	πέπονθα
48.	πείθω überreden	πείσω	ἔπεισα, ἐπείσθην	πέπεικα, πέπεισμαι
49.	πέμπω schicken	πέμψω	ἔπεμψα, ἐπέμφθην	πέπομφα, πέπεμμαι
50.	πίμπλημι anfüllen	πλήσω	ἔπλησα, ἐπλήσθην	πέπληκα, πέπλησμαι
51.	πίνω trinken	πίομαι	ἔπιον	πέπωκα
52.	πίπτω fallen	πεσοῦμαι	ἔπεσον	πέπτωκα
53.	πλέω segeln	πλεύσομαι	ἔπλευσα	πέπλευκα
54.	πλήττω schlagen	πλήξω	ἔπληξα, ἐπλήγην (-πλά-)	–, πέπληγμαι
55.	πυνθάνομαι erforschen	πεύσομαι	ἐπυθόμην	πέπυσμαι
56.	τάττω ordnen	τάξω	ἔταξα, ἐτάχθην	τέταχα, τέταγμαι
57.	τείνω spannen	τενῶ	ἔτεινα, ἐτάθην	τέτακα, τέταμαι
58.	τίθημι setzen, legen	θήσω	ἔθηκα, ἐτέθην	τέθηκα, κεῖμαι
59.	τρέπω wenden	τρέψω	ἔτρεψα, ἐτράπην	τέτροφα, τέτραμμαι
60.	τρέφω ernähren	θρέψω	ἔθρεψα, ἐτράφην	τέτροφα, τέθραμμαι
61.	τρέχω laufen	δραμοῦμαι	ἔδραμον	δεδράμηκα
62.	τυγχάνω jd. treffen	τεύξομαι	ἔτυχον	τετύχηκα
63.	φαίνω zeigen	φανῶ	ἔφηνα, ἐφάνθην	πέφαγκα, πέφασμαι
64.	φαίνομαι sich zeigen, scheinen	φανοῦμαι	ἐφάνην	πέφηνα
65.	φέρω tragen	οἴσω	ἤνεγκον, ἠνέχθην	ἐνήνοχα, ἐνήνεγμαι
66.	φύομαι werden, entstehen	φύσομαι	ἔφυν	πέφυκα

Zur Sprache Homers 4

Die homerischen Epen (*Ilias* und *Odyssee*) sind im jonischen Dialekt – mit vielen äolischen Elementen durchsetzt – geschrieben. Die wichtigsten Unterschiede zum attischen Dialekt (siehe die Formen dieser Grammatik) sind im folgenden zusammengefaßt.
Das Zeichen > ist in diesem Abschnitt nicht sprachgeschichtlich verwendet, sondern es weist auf die von den bekannten abweichenden homerischen Formen hin.

4.1 Lautlehre

- Das Digamma (F, gesprochen w) ist indirekt nachweisbar, weil Hiate (Zusammenstoßen zweier Vokale) durch Wirkung des F vermieden werden: μέγα Fέργον (eine große Tat);
- statt -α im Femininum steht ein -η: Τροία > Τροίη (Troia);
- statt ε steht häufig ει: ξένος > ξεῖνος (Gastfreund, Fremder);
- statt ο steht häufig ου: πολύς > πουλύς (viel);
- λ und σ können zwischen Vokalen verdoppelt werden: ἔλαβον > ἔλλαβον (ich nahm), ὄρεσι > ὄρεσσι (den Bergen, s. 4.2);
- statt ττ steht häufig σσ: φυλάττω > φυλάσσω (bewachen);
- die aus dem Attischen bekannte Quantitätsmetathese tritt meist nicht ein: βασιλέως > βασιλῆος (des Königs, des Beamten).

4.2 Deklination

- Wörter der O-Deklination auf -ος und -ον bilden den
Gen. Sg. auf -οιο: ἵππου > ἵπποιο (Pferdes);
Dat. Pl. auf -οισι(ν): τοῖς > τοῖσι (den, diesen);
- Wörter der A-Deklination auf -η bilden den Dat. Pl. auf -ῃσι: ταῖς > τῇσι (den, diesen);
- Dat. Pl. der 3. Dekl. oft auf -σσι oder -εσσι statt -σι: γένεσι(ν) > γένεσσι(ν); κυσί > κύνεσσι (den Hunden);
- Wörter der A-Deklination auf -ης, -ου bilden den Gen. Sg. auf -αο: Ἀτρείδαο (des Atreussohns);
- häufig finden sich unkontrahierte Formen: ἄλγη > ἄλγεα (Schmerzen);
- bisweilen andere Kasussuffixe (auch adverbial):
-φι (instrumental oder separativ): ναῦφι (mit Schiffen), ἀπ' ἐσχαρόφι (vom Herd weg);
-δε (Richtung): δόμονδε (ins Haus);
-θεν (Trennung): Διόθεν (von Zeus her);
-θι (Ortsangabe): τηλόθι (ferne).

4.3 Pronomina

- Personalia:

1. P. Sg.	Nom. ἐγώ	Gen. ἐμεῖο, ἐμεῦ, ἐμέθεν	Dat. ἐμοί	Akk. ἐμέ
Pl.	ἄμμες	ἡμείων	ἄμμι	ἡμέας, ἄμμε

2. P. Sg.	σύ, τύνη	σεῖο, σεῦ, σέθεν	σοί	σέ
Pl.	ὔμμες	ὑμείων	ὔμμι	ὑμέας, ὔμμε
3. P. Sg.	(αὐτός)	εἷο, εὗ, ἕθεν	οἷ	ἕ, μιν
Pl.		σφείων, σφῶν	σφίσι(ν), σφιν	σφέας

- Demonstrativa:

Neben den bekannten Demonstrativa aus dem Attischen wird auch der Artikel ὁ ἡ τὸ als Demonstrativpronomen verwendet. Die Nomina selbst sind meist artikellos: ἄνδρα μοι ἔννεπε – nenn mir *den* Mann.

- Possessiva:

3. P. Sg. ἑός, ἑή, ἑόν und ὅς, ἥ, ὅν
Pl. σφέτερος, -η, -ον und σφός, σφή, σφόν.

(In dieser Bedeutung auch: φίλος, -η, -ον!)

4.4 Konjugation

- Die Vergangenheitstempora haben häufig kein Augment: ἔπαθεν > πάθεν (er/sie erlitt), εἶδεν > ἴδεν (er/sie sah).
- Häufig unterbleibt die Kontraktion: φρονῶν > φρονέων (einer, der wahrnimmt).
- Personalendungen:

2. P. Sg.: -σθα statt -ς: τίθησθα (vgl. οἶσθα, ἦσθα)
1. P. Pl.: -μεσθα statt -μεθα
3. P. Pl. im Pf./Plpf. Pass. bisweilen -αται, -ατο statt -νται, -ντο: z. B. τετάχαται ≈ τεταγμένοι εἰσί

- Aorist auch ohne α: ἐβήσετο (βαίνω)
- Infinitiv Aktiv: -ειν, -εμεναι, -εμεν: ἀκουέμεναι (zu hören).
- Der Konjunktiv steht häufig mit kurzem Bildevokal: ὀτρύνωμεν > ὀτρύνομεν (Wollen wir antreiben!).
- Formen von εἰμί:

εἶ und ἐσσι (du bist), ἐσμεν und εἰμεν (wir sind), εἰσι und ἔασι (sie sind), εἶναι und ἔμμεναι/ἔμμεν (zu sein), ὤν οὖσα ὄν und ἐών ἐοῦσα ἐόν (eine/r/s, der/die das ist), ἦσαν und ἔσαν (sie waren).

- κέ, κέν, κ' = ἄν (zur Funktion von ἄν siehe 6.18).

5 Wortbildungslehre – Lautgesetze

Die Kenntnis der wichtigsten Wortbildungsmuster und Lautgesetze hilft dabei, scheinbar unregelmäßige Spracherscheinungen in ein nach Regeln erklärbares System einzuordnen und sie durchschaubar zu machen.

5.1 Wortbildungslehre

Die wenigsten Wörter einer Sprache sind elementare Wurzelwörter (wie im D „Haus"). Weit größer ist die Zahl der abgeleiteten oder zusammengesetzten Wörter (wie „hausen, häuslich" bzw. „Rathaus, Hausbau, haushalten"). Im Griechischen ist die Wortbildung meist sehr durchsichtig. Wer daher den Grundwortschatz gelernt hat und die folgenden Wortbildemuster beherrscht, kann sich viele Wörter aufgrund der Wortbildung unter Beachtung des Textzusammenhangs selbständig deuten – ohne Lernarbeit und ohne Lexikon.

5.1.1 Wortzusammensetzung

Bei der Wortzusammensetzung bilden mehrere Wurzeln ein neues Wort, z. B.

δημο I κρατία	Volksherrschaft
στρατ I ηγός	Heerführer

5.1.2 Wortableitung

Bei der Wortableitung werden die Wurzeln durch Prä- oder Suffixe weitergebildet (vgl. 5.1.5). So werden von der Wurzel κρατ u. a. folgende Wörter abgeleitet:

	κράτ	ος	Stärke, Herrschaft
	κρατ	έω	stark sein, besiegen
	κράτ	ιστος	stärkster, bester
ἀ	κρατ	ής	kraftlos

5.1.3 Veränderungen der Wortwurzel

Im Zuge der Ableitung können Veränderungen der Wurzel eintreten. Die wichtigsten sind folgende:

a. Ablaut ε > ο, z. B.

λέγ	ω	ich spreche	εἶδ	ος	Aussehen; Urbild
λόγ	ος	Wort, Gedanke	οἶδ	α	ich weiß

σπεύδ	ω	ich beeile mich
σπουδ	ή	Eifer, Ernst

Auch bei der Flexion:
πέμπω (schicken), Perfekt πέπομφα

Ablaut **ε > α:** στέλλω (senden), Perf. Med. ἔσταλμαι; τρέπω (wenden), Aor. Pass.: ἐτράπην

b. Dehnung bzw. Kürzung des Vokals, z. B.

Normalstufe	φεύγ	ω	ich fliehe		στά	σις	Aufstand
Schwundstufe	φυγ	ή	Flucht				
Dehnstufe				ἐπι	στή	μη	Wissen

	γέν	ος	Geschlecht, Art
γί	γν	ομαι	ich werde
	γνή	σιος	echt

c. Erweiterungen der Wurzel, z. B.

ἔ μαθ	ον	ich lernte (Aor.)	δόξ	α	<δοκσα <δοκια	Meinung, Ruf
μανθάν	ω	ich lerne	δοκέ	ω		ich meine, scheine
μάθη	σις	Lernen				

d. Veränderungen durch sog. Liquida sonans („klingende Liquida")

Die griechischen Buchstaben λ μ ν ρ bezeichnen nicht reine Konsonanten, sondern Halbvokale (daher Liquidae genannt: ‚flüssige' Laute). Man kennzeichnet die Liquida sonans mit einem untergeschriebenen ◌̥. Im Schriftbild des einzelnen Wortes können wechselnde Vokale erscheinen, z. B.

κρ̥τ

κράτ	ος	Stärke
καρτ	ερός	stark

Präfix ν̥-

ἄ	δικος	ungerecht
ν	ημερτής	unfehlbar

vgl. D/L

un	gerecht
in	iustus

πν̥θ

ἔ παθ	ον	ich litt (Aor.)
πένθ	ος	Leiden

βλ̥

	βάλ	λω	ich werfe, treffe
	βέλ	ος	Geschoß
μετα	βολ	ή	Veränderung
πρό	βλη	μα	Schutz; Problem

Auch bei der Flexion:

Grundstufe:	ὦ πάτερ (Vater!) ε (kurz)
Dehnstufe:	ὁ πατήρ (der Vater) Dehnung zu η
Schwundstufe:	πατρός (des Vaters) Ausfall des E-Lauts

5.1.4 Mehrstufige Ableitung

Zu einem bereits abgeleiteten Wortstamm können weitere Prä- oder Suffixe treten; so entstehen Ableitungen zweiten oder höheren Grades, z. B.

δίκ	η			Recht, Strafe, Prozeß
δικ	άζ	ω		ich richte
δικ	ασ	τής		Richter
δικ	ασ	τήρ	ιον	Gericht

a) Eine Wurzel ist als solche weder nominal noch verbal. Die Unterscheidung der Wortarten entsteht erst im Zuge der Ableitung durch die dazutretenden Prä- bzw. Suffixe, ggf. auch erst durch die Position im Satz.

b) Es ist anzunehmen, daß die Prä- und Suffixe aus ursprünglich selbständigen Wurzeln entstanden sind.

c) Für sich allein treten die Wurzeln ebensowenig auf wie die Prä- und Suffixe. Ein Wort κρατ gibt es z. B. nicht.

d) Aufgrund dieser Gegebenheiten kann man bei Wurzeln, die in mehreren Gestalten erscheinen, nicht immer sagen, welches ihre ‚eigentliche' oder ‚ursprüngliche' Gestalt ist.

5.1.5 Einige wichtige Wortbildemuster
(Tabelle der Suffixe und Präfixe)

5.1.5.1 Suffixe

a. Gruppen von Suffixen, die von gleichen Wurzeln verschiedene Wortarten bilden.

Suffix	*Bedeutung*	*Musterbeispiel*	
-ος -έω -ία	Eigenschaft	ἄδικος ἀδικέω ἀδικία	ungerecht ungerecht sein Ungerechtigkeit
-ής -εια	Eigenschaft	ἀληθής ἀλήθεια	wahr Wahrheit
-εύω -εία -εύς	Tätigkeit Ausübender	βασιλεύω βασιλεία βασιλεύς	König sein Königsherrschaft König
-σις -μα -τής	Tätigkeit Ergebnis Ausübender	ποίησις ποίημα ποιητής	Dichtung Gedicht Dichter

b. Verb-Suffixe

Suffix	*Bedeutung*	*Musterbeispiel*	
-άζω	Tätigkeit	κατασκευάζω	arrangieren
-ίζω	Tätigkeit	κομίζω	herbeibringen
-όω	Bewirken	δουλόω	zum Sklaven machen
-σκω	Eintritt eines Geschehens	εὑρίσκω	finden

c. Substantiv-Suffixe

Suffix	*Bedeutung*	*Musterbeispiel*	
-ή(-ά)	Geschehen	φυγή	Flucht
-ιον	Verkleinerung	βιβλίον	Büchlein
-(ό)της	Eigenschaft	μικρότης	Kleinheit
-σύνη	Eigenschaft	δικαιοσύνη	Gerechtigkeit

d. Adjektiv-Suffixe

Suffix	*Bedeutung*	*Musterbeispiel*	
-ής	Eigenschaft	ἀσθενής	schwach
-ικός (-τικός)	1. Zugehörigkeit	ναυτικός	1. die Seefahrt betreffend

	2. Eignung, Sachverstand		2. zur Seefahrt geeignet
-ιος	Zugehörigkeit	πάτριος θεῖος	väterlich göttlich
-ρός	Eigenschaft	αἰσχρός	häßlich

5.1.5.2 Präfixe

a. Präfixe an Verben (Verba composita)
Siehe 6.6 Präpositionen und Verbpräfixe.

b. Präfixe an Adjektiven bzw. Substantiven

Präfix	*Bedeutung*	*Musterbeispiel*	
ἀ(ν)-privativum	Verneinung	ἄδικος	ungerecht
ἀ-/ἁ-copulativum	Zusammenfassung	ἅπας	insgesamt
εὐ-	„gut"	εὐδαίμων	glücklich
δυσ-	„miß"	δυστυχία	Mißgeschick

5.2 Lautgesetze

Wörter und Äußerungen bestehen aus einer Folge von Lauten (bzw. in geschriebenen Texten aus Schriftzeichen und Zeichenverbindungen). Die aufeinanderfolgenden Laute müssen so unterschieden sein, daß ein Verstehen möglich ist, doch haben die Laute die Tendenz, sich beim Sprechen innerhalb eines Wortes (z. B. bei der Wortbildung), aber auch wortübergreifend in der Artikulationsart einander anzugleichen. Die Art der Angleichung unterliegt in jeder Sprache bestimmten Gesetzen, ein Teil der Angleichungen wird von der Schrift wiedergegeben und dabei auch normiert.

5.2.1 Vokalangleichungen

a. Elision
τῶν δ' (= δὲ) ἀρετῶν: Der kurze Endvokal vor einem vokalisch anlautenden Wort wird meist weggelassen.
Merke: ὅτ' ist immer ὅτε (als, wenn), nicht ὅτι (daß, weil).
Trifft bei der Elision ein stimmloser Verschlußlaut (k, p, t – Tenuis) auf einen aspirierten Wortanfang, wird die Tenuis aspiriert: ἀφ' οἵων < ἀπὸ οἵων; (Krasis:) θἅτερα < τὰ ἕτερα.

b. Krasis
Ein auf Vokal auslautendes kurzes Wort wird oft mit einem vokalisch anlautenden folgenden Wort zu einem Wort verschmolzen: τοὐναντίον <τὸ ἐναντίον (das Gegenteil), τἆλλα < τὰ ἄλλα (im übrigen).

c. Kontraktion

Unter Kontraktion versteht man das Verschmelzen zweier Vokale innerhalb eines Wortes. Wichtig sind die Kontraktionsregeln für die sog. Verba contracta, für die 2. P. Sg. Medium und die Nomina mit Sigmastämmen (siehe 2.1.1, 2.1.3, 3.3).
Wichtig: Ursprüngliches σ zwischen zwei Vokalen ist ausgefallen, darauf Kontraktion der Vokale: γένους < *γενε^{σ}ος (des Geschlechtes); παιδεύῃ < *παιδευε^{σ}αι (du wirst erzogen).

d. Ersatzdehnung

Unter Ersatzdehnung versteht man die Dehnung eines kurzen Vokals als Ersatz für ausgefallene Konsonanten; wichtig ist die Kenntnis der Ersatzdehnung für den Dat. Pl. der ντ-Stämme und den Aorist der Verba liquida: λέουσι < *λεοντσι (den Löwen); ἔφηνα < *ἐφανσα (ich zeigte); siehe 2.1.3 und 3.2.4.1 h.

5.2.2 Konsonantenangleichungen

a. Assimilation

Der Auslaut der Wurzel paßt sich dem Anlaut des Suffixes an

- bei der *Wortbildung* (siehe 5.1):

γράφ	ω	ich schreibe	πείθ	ω	ich überrede	πρᾶγ	μα	Tat, Sache
γράμ	μα	Schriftstück, Brief	πίσ	τις	Vertrauen	πρακ	τικός	praktisch, tüchtig

- bei der *Konjugation:*

ἄγω (führen), ἤγ-θην > ἤχ-θην, βλέπω (sehen), ἐβλέπ-θην > ἐβλέφ-θην, τάττω (ordnen), τέταγ-ται > τέτακ-ται.

b. Hauchdissimilation

Zwei aufeinanderfolgende Silben können nicht mit einem Hauchlaut beginnen; in einem solchen Fall wird der erste durch einen harten Verschlußlaut (Tenuis) ersetzt: θάπτω (bestatten): Aor. Pass. *ἐθάφην > ἐ**τ**άφην, Wurzel θαφ

c. Das Sigma

Das Sigma ist in der Entwicklung des Griechischen anfällig und wirksam zugleich gewesen:

- σ + σ > σ: γένεσ-σι(ν) > γένεσι(ν)
- Dental vor σ fällt aus: πούς (Fuß), Gen. ποδός (hier im Nom. mit Ersatzdehnung); πείθω (überreden), ἔπεισα (auch vor κ im Perfekt: πέπεικα!)
- ν vor σ fällt aus: ποιμήν (Hirte), Dat. Pl. ποιμέσι(ν)
- ντ oder ν vor σ fällt mit Ersatzdehnung aus: siehe 5.2.1/d und 2.1.3, 2.2, 2.3.3, 2.3.4.

6 Syntax – Satzfunktionen

6.1 Attributive/Prädikative Wortstellung

Durch den Artikel werden im Griechischen syntaktische Zuordnungen erleichtert.

- **Attributive Stellung:** Alle adjektivischen (oder adverbialen) Attribute und die meisten Genitivattribute stehen zwischen Artikel und Substantiv; es kann auch der Artikel wiederholt werden:

ὁ τοῦ κόσμου νόος oder ὁ νόος ὁ τοῦ κόσμου – der Geist des Kosmos,
τὸ καλὸν ἔργον oder τὸ ἔργον τὸ καλόν – die gute Arbeit.
οἱ τότε ἄνθρωποι – die Menschen damals (die damaligen Menschen).

- **Prädikative Stellung:** Alle zum Prädikat gehörenden Ergänzungen haben prädikative Stellung.

Τὸ ἔργον καλόν [ἐστιν] – die Arbeit ist gut.
Ὁ ῥήτωρ ἐπαύσατο λέγων – der Redner beendete seine Rede.

τὰ τῆς πόλεως – die Angelegenheiten der Stadt
τοῖς τοῦ Κύρου – den Leuten des Kyros
Ὁ κράτιστος μέσ**ος** κάθηται – der stärkste sitzt *in der Mitte* (griech. Prädikativum!)

6.2 Kleine Wörter – Partikeln

Kleine Wörter (Partikeln) haben im Griechischen die Funktion,

- Sätze oder Satzteile zu verbinden;
- Sätze oder Satzteile zu gliedern und zu strukturieren;
- Gedanken hervorzuheben und Nuancierungen der Redeintention zu kennzeichnen.

① **Verbindende Funktion:**

καί	und, auch, sogar
καί ... καί ...	sowohl ... als auch ...
δέ	und
τε (enkl., nachgestellt, vgl. -que)	und
τε ... καί .../τε ... τε ...	sowohl ... als auch ...

② **Unterscheidende/differenzierende Funktion:**

ἤ	oder
εἴτε ... εἴτε ...	sei es daß ... sei es daß ...
ἤ ... ἤ ...	entweder ... oder ...

③ **Entgegenstellende/antithetische Funktion:**

ἀλλά	aber, sondern
ὁ μέν ... ὁ δέ ...	der eine ... der andere ...
οὐ μόνον ... ἀλλὰ καί ...	nicht nur ... sondern auch ...
δέ	aber (sondern)
ὅμως	trotzdem, dennoch

④ **Begründende/kausale Funktion:**

γάρ	denn, nämlich
δέ	denn, nämlich
καὶ γάρ	denn, denn auch

⑤ **Gliedernde/strukturierende Funktion:**

μέν ... δέ ...	(zwar) ... aber ...
πρῶτον	zunächst, erstens
ἀλλὰ μήν	ferner
ἔπειτα	hierauf, ferner (zweitens)

⑥ **Folgernde Funktion:**

οὖν, δή, ἄρα, τοίνυν	also, folglich
ὥστε (im Hauptsatz)	daher
οὐκοῦν	also, folglich
οὔκουν	folglich nicht
οὕτω(ς)	so

⑦ **Hervorhebende/**(häufig) **ironische Funktion:**

γέ	wenigstens
μέντοι	freilich, gewiß
δήπου	gewiß
γοῦν	wenigstens, allerdings
μήν	allerdings, fürwahr

-περ (dieses Suffix drückt eine Verstärkung bzw. Betonung der Wirklichkeit aus)

εἴπερ	wenn wirklich

⑧ **Fragende Funktion:**

erwartete Antwort „Ja oder Nein":	ἆρα, ἦ
erwartete Antwort „Ja":	ἆρ' οὐ
erwartete Antwort „Nein":	ἆρα μή
Doppelfrage (ob ... oder ...):	πότερον ... ἤ ...

6.3 Konjunktionen

Die wichtigsten Einleitewörter von Gliedsätzen sind in einer Übersicht zusammengestellt, um die Differenzierung der oft ähnlichen Wörter zu erleichtern. Zur exakten Differenzierung der Wörter siehe Wörterbuch.

- **temporal:** als, wenn, nachdem – **ὅτε** (ὅτ'), **ἐπεί, ἐπειδή, ὡς**

Ἐπειδὴ δὲ ἡμέρα ἐγένετο, ἐπὶ Σάρδεις ἦγε Κῦρος. Als es Tag wurde, marschierte Kyros gegen Sardeis.

- **iterativ:** jedesmal wenn, sooft – **ἐάν, ἐπειδάν, ὅταν + Konjunktiv** (Wiederholung in der Gegenwart)

Ἐπειδὰν λέγῃς, καταγέλαστον τὸ χρῆμα γίγνεται. Jedesmal wenn du sprichst, wird die Sache lächerlich.

ὅτε, ὁπότε, εἰ + Optativ (Wdh. in der Vergangenheit)

Ὅτε ἀθροισθεῖεν, ἠδίκουν ἀλλήλους. Jedesmal wenn sie sich versammelten, taten sie einander Unrecht.

- **final:** damit, um zu – **ἵνα, ὡς, ὅπως + Konjunktiv (Optativ** nach Augmenttempus)
Τί ποιήσω, ἵνα ζωὴν αἰώνιον κληρονομήσω; Was soll ich tun, damit ich ewiges Leben erbe?
Πάντα ἐπράξαμεν, ὡς/ὅπως μὴ φοβοῖμεθα. Wir taten alles, um uns nicht zu fürchten.
- **kausal:** da, weil – **ὅτι, ἐπεί, ἐπειδή, ὡς**
Ὁ δειλὸς ἐκρύψατο, ὅτι ἐφοβήθη. Der Feige versteckte sich, weil er Angst hatte.
- **faktisch:** daß – **ὅτι, ὡς**
Ἀναξίμανδρος δὲ λέγει, ὅτι πολλοὶ κόσμοι εἰσίν. Anaximander behauptet, daß es viele Welten gibt.
- **komparativisch:** wie – **ὡς, ὥσπερ**
Δόρκων δ' ἐτεχνήσατο τέχνην, ὥσπερ ποιμένι πρέπει. Dorkon ersann eine „List", wie es sich für einen Hirten geziemt.
- **konsekutiv:** (so)daß – **ὥστε** (siehe 6.16)

6.4 Negationen

Das Griechische besitzt zwei verschiedene Negationswörter, die systematisch in verschiedenen sprachlichen Zusammenhängen auftreten: **οὐ** und **μή.** Zu beiden Verneinungen können jeweils dieselben Erweiterungen treten (s. u.).

- **οὐ** (οὐκ, οὐχ) verneint eine **Behauptung:**
Ὁ δῆμος κακῶν ἔργων οὐκ ἀπείχετο. Das Volk enthielt sich nicht schlechter Taten.
- **μή** verneint einen **Wunsch** oder eine **Vorstellung:**
Μή μου ὀργίζου. Laß dich nicht zum Zorn hinreißen!
- Mehrere Negationen verstärken einander, wenn die letzte zusammengesetzt ist:
Οὐδενὶ πώποτε συνεχώρησα οὐδέν. Ich habe niemand jemals etwas zugestanden.
- Zwei Negationen heben sich auf, wenn die letzte nicht zusammengesetzt ist:
Οὐδεὶς οὐκ ἀποθανεῖται. Jeder wird sterben.
- Nach Ausdrücken des Fürchtens: μή – daß, μὴ οὐ – daß nicht.
Δόρκων φοβεῖται, μὴ οὐ ἡ παῖς ἥκῃ. Dorkon fürchtet, daß das Mädchen nicht kommt.
- Zusammengesetzte Negationen:

οὐδείς	οὐδεμία	οὐδέν	– niemand, keiner (n.: nichts, überhaupt nichts)
οὐδενός	οὐδεμιᾶς	οὐδενός	
οὐδενί	οὐδεμιᾷ	οὐδενί	
οὐδένα	οὐδεμίαν	οὐδέν	gleich dekliniert: εἷς μία ἕν (ein)

Alle angeführten Negationen können auch mit μη- zusammengesetzt sein.

οὐδέ	– und nicht, auch nicht, aber nicht, nicht einmal
οὐδαμῶς	– keineswegs
οὐκέτι	– nicht mehr
οὔποτε	– niemals
οὔπω	– noch nicht
οὔτε	– und nicht
οὔτε ... οὔτε ...	– weder ... noch ...

Häufig findet sich οὐδέν (μηδέν) als adverbialer Akkusativ „in nichts" fast ≈ οὐ (μή).

6.5 Kasusfunktionen

Die Kasus dienen der sprachlichen Ordnung der Beziehungen, in denen Nomina bzw. entsprechende Satzglieder im Satz zueinander stehen. Die Verwandtschaft der griechischen (lateinischen) und deutschen Sprache bringt es mit sich, daß viele Verba den gleichen Kasus regieren wie im Deutschen. Es gibt aber auch viele andere Kasusrektionen (!). Im folgenden sind die Grundfunktionen der Kasus zusammengefaßt, dazu einige wichtige vom Deutschen abweichende Erscheinungen.

6.5.1 Nominativ

Im Nominativ stehen das Subjekt und Prädikatsnomina:
τὸ ἔργον (Subjekt; Frage: **wer/was?**) καλόν (Prädikatsnomen) [ἐστιν]. Die Arbeit ist gut.
Der *doppelte Nominativ* steht bei passiven Verben wie „genannt werden", „gehalten werden für":
Τὸ πᾶν κόσμος λέγεται. Das All wird Kosmos genannt.
Ἡ σωφροσύνη ἀρετὴ νομίζεται. Die Besonnenheit wird für eine Tugend gehalten. Man hält die Besonnenheit für eine Tugend.

6.5.2 Genitiv

Der griechische Genitiv bezeichnet als sog. echter Genitiv den **Bereich,** zu der eine Person/Sache gehört oder auf den eine Handlung zielt. Bei Verben mit separativer Bedeutung bezeichnet er den **Ausgangspunkt** der Handlung (wie der lat. Ablativ).
In adverbialen Wendungen dient der Genitiv auch zur Bezeichnung eines Zeitpunktes/-raumes.
Syntaktisch tritt der Genitiv auf: als Attribut, als Objekt, als Prädikatsnomen, als Adverbiale.
Der Genitiv steht – oft wahlweise – **mit oder ohne Präposition** (siehe 6.6).

- Genitiv als **Attribut** wie im Deutschen, z. B.

Ὁ τοῦ κόσμου νόος θεός ἐστιν – Der Geist des Kosmos ist ein Gott.
Δάφνις χαίρει τῇ **τῆς Χλόης** φιλίᾳ (ἡ Χλόη φιλεῖ τὸν Δάφνιν) – Daphnis ist froh über Chloes Zuneigung **(Genitivus subiectivus).**

- Bei Substantiven mit verbalem Inhalt auch *(Kontext!)* **Genitivus obiectivus;** deutsch meist präpositional:

Δάφνις <u>μεστός</u> ἐστιν φιλί<u>ας</u> **τῆς Χλόης** (ἡ τῆς Χλόης φιλία – Δάφνις φιλεῖ τὴν Χλόην) – Daphnis ist voller Zuneigung *zu* Chloe.

- Objekt als Angabe des **Zielbereichs des Verbs** (sehr häufig):

Οἱ ἄνθρωποι τῆς εἰρήνης ἐπιθυμοῦσι – Die Menschen begehren/streben nach Frieden.
Οἱ κύνες τοῦ Δόρκωνος ἥπτοντο – Die Hunde versuchten Dorkon zu fassen.
Auch mit Präposition + Genitiv:
Ὁ Θαλῆς περὶ τοῦ κόσμου λέγει – Thales spricht über den Kosmos.

- Der Genitiv bezeichnet den Bereich des Ganzen, dem ein Teil zugehört bzw. den Bereich, den ein Verbalvorgang teilweise (be)trifft **(Genitivus partitivus):**

Θαλῆς εἷς τῶν ἑπτὰ σοφῶν ἐστιν – Thales ist einer der sieben Weisen.
Χλόη τε καὶ Δάφνις τῆς τροφῆς συνεσθίουσι – Chloe und Daphnis essen gemeinsam von den Speisen.

● Bereich als **Wertangabe:**
(Περὶ) πολλοῦ ποιοῦμαι ταῦτα ἀκηκοέναι – Es ist mir viel wert, das gehört zu haben.
Τὰ μαθήματα πολλοῦ ἄξιά ἐστιν – Die Wissensstoffe sind viel wert.
● Bereichsangabe als **Prädikatsnomen:**
Δικαστοῦ ἐστιν δίκαιον εἶναι – Es ist Pflicht des Richters, gerecht zu sein.
● **Ausgangspunkt** einer Handlung **(Genitivus separativus):**
Ὁ ῥήτωρ ἄρχεται τοῦ λόγου – Der Redner beginnt seine Rede/mit seiner Rede.
Οἱ ἐναντίοι τῆς μάχης παύονται – Die Gegner beenden den Kampf/hören mit dem Kampf auf.
Beim **Vergleich** als **Genitivus comparationis:**
Ἡ δικαιοσύνη τῆς ἀδικίας ὠφελιμωτέρα ἐστίν – Die Gerechtigkeit ist nützlicher als die Ungerechtigkeit. (vgl. 2.4.1!)
● Zeitangabe:
Τριῶν ἡμερῶν οἱ φίλοι εἰς τὴν πόλιν ἀφίκοντο – In drei Tagen erreichten die Freunde die Stadt.

> Die wichtigsten Fragen an einen Genitiv:
> **Wessen? Wovon? In welchem Bereich? Auf welchen Bereich hin? Woher?**

6.5.3 Dativ

Der griechische Dativ bezeichnet als sog. echter Dativ (Objektsdativ: *für wen? wem?*) die **Zielrichtung einer Handlung;** er bezeichnet **Mittel/Begleitumstand/Begleitperson (Instrumentalis:** *womit? mit wem? wie?*) und **Ort** oder **Zeitpunkt** (*wo? wann?*). Syntaktisch tritt der Dativ als Objekt oder als adverbiale Bestimmung auf. Er steht – oft wahlweise – **mit oder ohne Präposition** (siehe 6.6).

● **Dativobjekt** wie im Deutschen:
Πείθομαι τοῖς φίλοις – Ich gehorche den Freunden.
Δῶρόν σοι δίδωμι – Ich gebe dir ein Geschenk.
● Zur Bezeichnung des Interesses: **(Dativus commodi):**
Ὑγιαίνειν ἄριστον ἀνθρώπῳ ἐστίν – Gesundheit ist das Wichtigste für den Menschen.
● Bezeichnung des Besitzers **(Dativus possessivus):**
Τοῖς ἄστροις ψυχαί εἰσιν – Die Sterne haben Seelen. Dativ + εἶναι: haben!
● Angabe des Urhebers beim Perfekt Passiv **(Dativus auctoris):**
Ταῦτά μοι πέπρακται – Das habe ich getan. (≈ Ταῦτά **μοι** πεπραγμένα **ἐστίν** – „ich habe".)
● Bezeichnung des Mittels **(Instrumentalis):**
Ταῖς χερσὶν αἴρουσι κρέα – Mit den Händen heben sie das Fleisch hoch.
Χρῶμαι ναυσί – Ich benutze Schiffe.
Ἥδονται τῷ δώρῳ – Sie freuen sich über das Geschenk (Angabe des **Grundes**).
● Bezeichnung der Person des Umgangs (Instrumentalis als **Dativus sociativus**):
Σωκράτης τοῖς νεανίαις διελέγετο – Sokrates pflegte sich mit jungen Leuten zu unterhalten.
● Bezeichnung der **Art und Weise:** τῷ αὐτῷ τρόπῳ – auf dieselbe Weise
● Bezeichnung des **Vergleichsmaßes:** πολλῷ πλεῖον – (um) viel(es) mehr
● **Zeitangabe:** ταύτῃ τῇ ὥρᾳ – zu dieser Zeit/Stunde

> Die wichtigsten Fragen an einen Dativ:
> **Wem? Für wen/was? Womit? Wodurch? Mit wem? Wie? Wo? Wann?**

6.5.4 Akkusativ

Der griechische Akkusativ ist wie im Deutschen der **Kasus des direkten Objekts bei transitiven Verben** *(wen? was?)*, dient aber darüber hinaus auch **bei intransitiven Verben** und manchen Adjektiven zur **Angabe der Richtung/des Bereichs,** auf den eine Handlung, ein Vorgang oder ein Zustand bezogen ist. *Die Auffassung von Transitivität und Intransitivität ist im Griechischen und Deutschen oft unterschiedlich.*
Syntaktisch begegnet der Akkusativ als Objekt und als adverbiale Bestimmung. Er steht **mit oder ohne Präposition** (siehe 6.6).

- **Akkusativobjekt** wie im Deutschen:

Ὁ Δάφνις τὴν Χλόην φιλεῖ. Daphnis liebt (küßt) Chloe.

- Doppelter Akkusativ (2. Akk. als **Prädikatsnomen/**Prädikatsergänzung):

Θεοὺς νομίζει τοὺς οὐρανοὺς ὁ Ἀναξίμανδρος. Anaximander hält die Himmel für Götter.

- Akkusativergänzung **bei intransitiven Verben:**

Ἑρμαγόρας Ὀλυμπικὴν νίκην ἐνίκησεν. Hermagoras errang einen olympischen Sieg (sinngleiches oder **inneres Objekt,** vgl. „den Schlaf des Gerechten schlafen").
„Akkusativ der Beziehung":
Οἱ δρομεῖς τὴν ταχύτητα διαφέρουσιν. Die Läufer unterscheiden sich hinsichtlich der Schnelligkeit.
Ξανθίππη κάμνει τὴν κεφαλήν. Xanthippe tut der Kopf weh.

- Akkusativergänzung **bei Adjektiven:**

Δημοσθένης τοὺς λόγους (oder Infinitiv: λέγειν) δεινότατός ἐστιν. Demosthenes ist außerordentlich redegewaltig.

- Akkusativergänzung **beim Passiv** (Vgl. engl. "I was shown the city"):

Οἱ Ἀθηναῖοι πλοῖα αἰτοῦνται. Von den Athenern werden Schiffe gefordert.

- Akkusativ der **räumlichen und zeitlichen Ausdehnung:**

Τρέχω πέντε στάδια. Ich laufe fünf Stadien (weit).
Οἱ τὰ Ὀλυμπικὰ νενικηκότες τὸν ἀεὶ χρόνον ὑμνοῦνται. Die Olympiasieger werden auf ewige Zeit gepriesen.

> Fragen an den Akkusativ:
> **Wen/was? Wohin? Wie lange? In welcher Beziehung?**

6.6 Präpositionen und Verbpräfixe

Präfix	(G.: Grundbedeutung)	Präposition	
ἀμφί	G.: zu beiden Seiten, um – herum ἀμφινοέω (nach beiden Seiten hin überlegen, schwanken)	+ Akk.:	um ... herum ἀμφὶ τὴν πόλιν (um die Stadt herum) οἱ ἀμφὶ βασιλέα („die um den König", das Gefolge des Königs)
ἀνά	G.: hinauf, wieder ἀναβαίνω (hinaufgehen) ἀναγιγνώσκω (wiedererkennen)	+ Akk.:	auf (hinauf); gemäß ἀνὰ τὸν ποταμόν (flußaufwärts) ἀνὰ κράτος (mit aller Kraft)
ἀντί	G.: gegenüber, entgegen, wider ἀντιλέγω (widersprechen)	+ Gen.:	anstatt, für ἀντὶ τῶν χρημάτων (anstatt des Geldes)
ἀπό	G.: von ... her (weg), völlig ἀπολαμβάνω (wegnehmen)	+ Gen.:	von ... her, von ... weg, seit ἀπὸ τοῦ ποταμοῦ (vom Fluß her)
διά	G.: durch, auseinander διαβαίνω (durchschreiten) διαφέρω (unterscheiden)	+ Gen.:	durch ... (hindurch) διὰ παντὸς τοῦ βίου (das ganze Leben hindurch)
		+ Akk.:	wegen διὰ τὴν ἀπορίαν (wegen der Ratlosigkeit)
εἰς	G.: hin, hinein εἰσέρχομαι (hineinkommen)	+ Akk.:	in, auf, nach, gegen εἰς τὸν οὐρανόν (in den Himmel) εἰς τοὺς Ἀθηναίους (gegen die Athener)
ἐν	G.: darin, hinein ἔνειμι (drinnen sein)	+ Dat.:	in, an, auf ἐν τῷ κόσμῳ (im Weltall)
ἐξ, ἐκ	G.: hinaus/heraus, völlig ἐκβάλλω (hinauswerfen)	+ Gen.:	aus, seit, aufgrund ἐκ παίδων (seit Kindheit) ἐκ τῶν εἰρημένων (aufgrund des Gesagten)
ἐπί	G.: auf, hinzu ἐπιβάλλω (hinwerfen)	+ Gen.:	auf ἐπὶ τῆς γῆς (auf der Erde) ἐπὶ Περικλέους (zur Zeit des Perikles)
		+ Dat.:	auf, wegen ἐπὶ τῷ λόγῳ (wegen des Wortes)
		+ Akk.:	auf, zu, nach, gegen ἐπὶ τὴν ἀρετήν (zur Tugend führen)

Präfix	(G.: Grundbedeutung)	Präposition	
κατά	G.: hinab, zurück, völlig καταβαίνω (herabsteigen) καταγελάω (auslachen, verlachen)	+ Gen.:	von ... herab, gegen κατὰ τοῦ ἵππου (vom Pferd herab) κατὰ Φιλίππου λέγειν (gegen Philipp sprechen)
		+ Akk.:	längs ... hin, gemäß, nach κατὰ τὴν τύχην (gemäß dem Schicksal)
μετά	G.: inmitten, Anteil, Veränderung μετέχω (Anteil haben) μεταβάλλω (verändern)	+ Gen.:	mit μετὰ τῶν φίλων (mit den Freunden)
		+ Akk.:	nach μετὰ τὸν θάνατον (nach dem Tod)
παρά	G.: dabei, nebeneinander, vorbei παραβάλλω (vergleichen, nebeneinander stellen) παραβαίνω (übertreten) παραγίγνομαι (dazukommen, dabeisein)	+ Gen.:	von (her) παρὰ τοῦ φίλου (vom Freund kommen)
		+ Dat.:	bei, neben παρὰ τοῖς θεοῖς (bei den Göttern)
		+ Akk.:	zu ... hin, entlang, gegen παρὰ τοὺς νόμους (gegen die Gesetze)
περί	G.: herum, sehr (über, mehr als) περιβάλλω (herumlegen) περιγίγνομαι (übertreffen)	+ Gen.:	über, von, betreffs περὶ τοῦ κόσμου (über den Kosmos)
		+ Akk.:	um (herum) περὶ τὴν ἀγοράν (rund um die Agora)
πρό	G.: vor, vorwärts προτρέπω (antreiben) προέχω (voraus haben)	+ Gen.:	vor, für πρὸ τοῦ φίλου (für den Freund) πρὸ τῆς θύρας (vor der Tür)
πρός	G.: hinzu, zusätzlich προσέρχομαι (hinzukommen) προσέχω (hinlenken)	+ Gen.:	von ... her πρὸς πατρός (vom Vater her)
		+ Dat.:	bei, an, zusätzlich πρὸς τούτοις (außerdem)
		+ Akk.:	zu ... hin, gegen, in bezug auf πρὸς βασιλέα (zum König schicken)
σύν	mit, zusammen συλλέγω (sammeln) συννοέω (verstehen, insgesamt sehen)	+ Dat.:	mit σὺν τοῖς θεοῖς (mit Hilfe der Götter)

Präfix	(G.: Grundbedeutung)	Präposition	
ὑπέρ	G.: über (hinaus) ὑπερβαίνω (überschreiten)	+ Gen.:	über, für (im Interesse von) ὑπὲρ αὐτοῦ (für ihn sterben)
		+ Akk.:	über (hinaus) ὑπὲρ δύναμιν (über die Kraft hinaus)
ὑπό	G.: unter, zurück, heimlich ὑπόκειμαι (darunterliegen) ὑπολείπω (zurücklassen)	+ Gen.:	unter; von *(beim Passiv)* ὑπὸ τῆς γῆς (unter der Erde) ὑπὸ τοῦ παιδός (vom Kind geliebt)
		+ Dat.:	unter *(wo?)* ὑπὸ τῷ οὐρανῷ (unter dem Himmel)
		+ Akk.:	unter *(wohin?)* ὑπὸ τὴν γῆν (unter die Erde)

Nicht alle vorkommenden Verbindungen von Präpositionen und Kasus sind hier beschrieben. Es sind auch nicht alle vorkommenden Bedeutungen erfaßt. Die genaue Bedeutung für die Wiedergabe ins Deutsche ergibt sich in jedem Fall aus der Beachtung des sachlichen Zusammenhangs!

6.7 Tempus und Aspekt (Aktionsart)

① Anders als das Lateinische und noch mehr als das Deutsche bringt das Griechische das Zeitverhältnis zwischen zwei Vorgängen/Handlungen *nicht* durch die Tempuswahl zum Ausdruck, sondern verläßt sich auf den *Kontext;* weitere Klarheit schaffen (wie im Lat. und Dt.) andere sprachliche Mittel wie z. B. Zeitadverbien. Bei der Übersetzung ins Deutsche ist also darauf zu achten, welches Tempus das Deutsche im entsprechenden Kontext verlangt, z. B.:
Ἀσκληπιὸς τῆς μητρὸς αὐτοῦ ἀποθανούσης πρὸς Χείρωνα ἐκομίσθη. Asklepios wurde zu Cheiron gebracht, nachdem seine Mutter gestorben war.
② Eine griechische Verbalform drückt dagegen aus, wie der Sprecher eine Handlung, einen Zustand oder eine Erscheinung sieht (= Aspekt); bzw. eine griechische Verbalform drückt die Art und Weise des Handlungsablaufes aus (=Aktionsart). Aus Gründen der Vereinfachung wird hier zwischen Aspekt und Aktionsart nicht weiter differenziert.

Der **Präsensstamm (Präsens** und **Imperfekt)** ist hinsichtlich der zeitlichen Begrenzung einer Handlung unbestimmt, er kann ausdrücken:

- den **durativen Aspekt,** d. h. die Fortdauer einer Handlung:
  - *linear:* ἐνόσουν – ich lag krank darnieder;
  - *iterativ:* ἱκέτευε βοηθεῖν τὴν κόρην – er flehte immer wieder das Mädchen um Hilfe an;
  - *konativ:* οἱ κύνες ἥπτοντο τοῦ Δόρκωνος – die Hunde versuchten Dorkon zu fassen, schnappten nach Dorkon.
- was vom Sprecher als *Hintergrundinformation* (im Gegensatz zu Vordergrundinformation) gegeben wird: αἱ αἶγες παρὰ τῇ πηγῇ ἔπινον – Die Ziegen tranken bei der Quelle (das ist nicht das Entscheidende der Erzählung, das tun sie gewöhnlich auch).
- was vom Sprecher als *grundsätzlich* (im Gegensatz zu aktuell) verstanden wird:

χαρίζεσθαι – grundsätzlich einen Gefallen tun, gefällig sein (im Gegensatz zu jetzt tatsächlich einen Gefallen tun).
Der **Aoriststamm** betont hinsichtlich der Ausdehnung einer Handlung ihre Abgeschlossenheit, er kann ausdrücken:

- den **punktuellen Aspekt:**
  - *komplexiv:* ἱκέτευσε βοηθεῖν τὴν κόρην – er flehte das Mädchen um Hilfe an (damals, als Bestandteil einer Handlungskette; wie lange und wie oft interessiert nicht);
  - *ingressiv:* ἐνόσησε – er/sie erkrankte (der Aorist eines Verbs, das von sich aus eine/n Handlung/Vorgang von Dauer bezeichnet, beinhaltet eine Aspektänderung, so je nach Kontext z. B. auch ἱκέτευσε βοηθεῖν τὴν κόρην – er begann das Mädchen um Hilfe anzuflehen);
  - *effektiv:* οἱ κύνες ἥψαντο τοῦ Δόρκωνος – die Hunde bekamen Dorkon zu fassen, faßten Dorkon;
- was vom Sprecher als *Vordergrundinformation* (im Gegensatz zu Hintergrundinformation) gegeben wird: Δόρκων ἐτεχνήσατο τέχνην – Dorkon ersann eine List (verstanden als Hauptgegenstand der Erzählung, als etwas Neues und Aufregendes).
- was vom Sprecher als *aktuell* (im Gegensatz zu grundsätzlich) verstanden wird: χαρίσασθαι – jetzt einen Gefallen tun (nicht nur die grundsätzliche Bereitschaft).

Der **Perfektstamm** *(kein Vergangenheitstempus* im eigentlichen Sinn) drückt aus:

- den **resultativen Aspekt** (die rückschauende Perspektive): γέγονα – ich bin (geworden); βέβλημαι – ich bin getroffen;
- was vom Sprecher mit besonderer *Nachdrücklichkeit* gesagt wird (die Reduplikation im Dienste der Nachdrücklichkeit): ὃ γέγραφα, γέγραφα – was ich geschrieben habe, habe ich geschrieben.

➡ Wie im Deutschen (vgl. blühen – erblühen; schwellen – platzen; verlieren – suchen – finden; werfen – treffen; bohren – durchbohren; laufen – springen u. a. m.) ist auch im Griechischen ein Verbstamm schon von seiner Grundbedeutung her linear, durativ, punktuell, ingressiv usw. Mit dieser Bedeutung hängt zusammen, wie der griechische Tempus-Aspekt im Deutschen wiederzugeben ist. So kann z. B. οἱ κύνες ἥπτοντο durchaus bedeuten *„versuchten zu fassen"*, doch *nicht* ἐνόσουν *„ich versuchte krank zu sein"*, ἐβασίλευσε „er wurde König" *und* – je nach Kontext – „er war König".
Achte also bei der Wiedergabe griechischer Tempora auf die Bedeutung des Verbs und auf den Kontext!

6.8 Das Medium

Im Griechischen gibt es neben dem **Aktiv** und dem **Passiv** (wie im Deutschen) noch das *Genus Verbi* (die *Diathese*) **Medium.** Das Medium kann häufig *reflexiv* übersetzt werden (λούομαι – ich wasche mich). Der Sprecher hat durch das Medium die Möglichkeit, die *unmittelbare Beteiligung des Subjekts* an der Handlung zum Ausdruck zu bringen. Mit einer einzigen Form, mit einem einzigen Wort wird durch das Medium die *Einstellung des Subjekts zur Handlung* zum Ausdruck gebracht, wofür man im Deutschen drei oder mehrere Wörter braucht.
Da im Griechischen häufig die Formen von Medium und Passiv gleich sind (grundsätzlich in den Tempora des Präsens- und Perfektstamms), muß beim Übersetzen jeweils die *Sinnfolge* beachtet werden. Steht z. B. ὑπό bei einer medial-passiven Form, so ist

dies ein Signal für eine Passiv-Übersetzung (ὑπό beim Passiv: „von"): Ἀναγκάζομαι ὑπό τινος – Ich werde von jemandem gezwungen.

① **Akkusativisch reflexiv:** Das handelnde Subjekt ist zugleich Objekt seines Tuns
ὁ φίλος λούεται (der Freund wäscht sich)
② **Dativisch reflexiv:** Das Subjekt handelt im eigenen Interesse
χρήματα παρασκευάζομαι (ich verschaffe mir Geld)
③ **Dynamisch-intensiv:** Das Subjekt handelt besonders engagiert
εἰρήνην ποιήσεται (er/sie wird Frieden schließen)
④ **Kausativ:** Das Subjekt veranlaßt eine Handlung
τὸν νεανίαν παιδεύεται (er/sie läßt den Jugendlichen ausbilden)
⑤ **Manche Verben** existieren **nur im Medium** (sog. Deponentien); oft sind sie reflexiv: πυνθάνομαι (sich erkundigen), ὀργίζομαι (sich zum Zorn reizen lassen), oft aktivisch in der Bedeutung: αἰτιάομαι (beschuldigen), βιάζομαι (zwingen). Diese Verben bilden z. T. einen medialen, z. T. einen passivischen Aorist. Die einen medialen Aorist bilden, können einen passivischen Aorist mit passiv. Bedeutung bilden: ᾐτιάθην – ich wurde beschuldigt; das Perfekt ᾐτίαμαι ist je nach Kontext aktivisch oder passivisch.

αἱρέω	nehmen	αἱροῦμαι	wählen
ἀπόλλυμι	zugrunde richten	ἀπόλλυμαι	zugrunde gehen
ἵστημι	stellen	ἵσταμαι	sich stellen, treten
πείθω	überreden, überzeugen	πείθομαι	gehorchen
φαίνω	zeigen	φαίνομαι	scheinen, sich zeigen
φέρω	tragen	φέρομαι	eilen, stürzen

6.9 Konjunktiv

Zwischen Konjunktiv Präsens und Konjunktiv Aorist besteht nur bezüglich des Zeitaspekts ein Unterschied. Da wir im Deutschen nur wenige Ausdrucksmöglichkeiten dafür haben, werden Konj. Präs. und Konj. Aor. meist identisch übersetzt (zur Differenzierung siehe 6.7).

① **Konjunktiv im Hauptsatz** (im Deutschen mit *Umschreibung* wiederzugeben):
- **Aufforderung** an die 1. P. Pl. (Hortativus): Deutsch- „Laßt uns ..." (Wortstellung!)
Ἄρ**ω**μεν τὸν ζυγόν. Nehmen wir das Joch auf uns! Laßt uns das Joch auf uns nehmen!
- **Verbot,** 2. P.: (Prohibitivus): Deutsch – Umschreibung mit „nicht sollen"
Μὴ φονεύ**σῃ**ς (Du sollst nicht morden!)
- **Sollfrage** (Dubitativus, Deliberativus): Deutsch – „soll ... ?"
Τί ποιή**σω;** (Was soll ich tun?)

② **Konjunktiv im Gliedsatz** (im Deutschen meist mit *Indikativ* wiederzugeben):
- **Finalsatz** (wenn im übergeordneten Satz ein Gegenwartstempus steht):
Τί ποιή**σω,** ἵνα (ὡς, ὅπως) ζωὴν αἰώνιον κληρονομή**σω;** Was soll ich tun, damit ich ewiges Leben erbe?
- **Wiederholung** in der Gegenwart – Signal: mit **ἄν** kombinierte Konjunktion:
Ἐπειδὰν (ὅταν, ἐὰν) λέγ**ῃς,** καταγέλαστον τὸ χρῆμα γίγνεται. Jedesmal wenn du sprichst, wird die Sache lächerlich.
- **Eventualis:** Siehe 6.12 (Konditionale Perioden)

6.10 Optativ

Der Optativ ist der **Modus des Wunsches** und der **subjektiven Behauptung.** Wie beim Konjunktiv besteht zwischen dem Optativ Präsens und Optativ Aorist nur bezüglich des Tempusaspekts ein Unterschied, der jedoch im Deutschen meist nicht wiedergegeben werden kann.

① **Optativ im Hauptsatz** (im Deutschen mit Umschreibung wiederzugeben):
- **Wunsch:** Als Signal kann stehen: εἴθε oder εἰ γάρ, deutsch – „soll", „hoffentlich" o. ä.:

(Εἴθε) σὺ εὖ πράττοις. Hoffentlich geht es dir gut! Es soll dir gut gehen!
Ζήσαις. Du sollst leben!
- **Möglichkeit** (Potentialis): Als Signal steht **ἄν,** deutsch – „könnte, würde, wird (wohl)"

Κρίνοιτο ἄν. Er/sie könnte verurteilt werden. Er wird wohl verurteilt werden.
Περὶ πολλοῦ ποιησαίμην ἄν. Ich würde es hochschätzen.
Siehe auch 6.12.

② **Optativ im Gliedsatz** (im Deutschen mit Indikativ oder Konjunktiv wiederzugeben):
- **Subjektive Meinung** (Opt. obliquus):

Διηγεῖτο, ὡς ἔχοι. Er berichtete, wie es sich verhalte (seiner Meinung nach).
- **Finalsatz** (wenn im übergeordneten Satz ein Vergangenheitstempus steht):

Ἑρμῆς ἤνεγκε αἰδῶ καὶ δίκην, ἵνα εἶεν πόλεων δεσμοί. Hermes brachte die Scheu vor dem Unrecht und das Gefühl für das Recht, damit sie Bande der Städte sind (seien).
- **Wiederholung in der Vergangenheit:** Gliedsatz εἰ, ὅτε / Hauptsatz Imperfekt; deutsch: Indikativ

Ὅτε ἀθροισθεῖεν, ἠδίκουν ἀλλήλους. Jedesmal wenn sie sich versammelten, taten sie einander Unrecht.

6.11 Relativsätze

Relativsätze (Attributsätze) werden durch die Relativpronomina (siehe 2.5.6) eingeleitet:
Λύπην παρεῖχεν ἡ πήρα, ἐξ ἧς συνήσθιον. Trauer bereitete der Ranzen, aus dem sie gemeinsam gegessen hatten.
Im folgenden sind einige Besonderheiten der griechischen Relativsätze zusammengefaßt.

① **Kasusangleichung:** Das Relativpronomen wird im Kasus an das Beziehungswort angeglichen.
Ἄξιοι ἔσεσθε τῆς ἐλευθερίας, ἧς (statt ἣν) κέκτησθε. Ihr werdet der Freiheit würdig sein, die ihr besitzt.

② **Verallgemeinerung der Aussage:** Relativpronomen + **ἄν** + Konjunktiv, deutsch: Indikativ
Ἔξεστιν ταῦτα ἔχειν, ᾧ ἂν ὁ βασιλεὺς δωρῆται. (Es ist möglich, dies zu besitzen, wem auch immer der König es schenkt.) Dies zu besitzen ist für jeden möglich, dem es der König schenkt.

③ **Final-konsekutiver Relativsatz:** mit Futur Indikativ, deutsch: Indikativ Präsens oder Umschreibung mit „sollen“.
Ἄνδρα πέμψω, ὅς σοι ἀμυνεῖ. Ich werde dir einen Mann schicken, der (damit er) dir hilft (helfen soll).

④ **Relativer Anschluß:** Das Relativpronomen wird im Deutschen mit einem Demonstrativpronomen wiedergegeben.
Von den Wächtern unbemerkt wirft Antigone Staub auf ihren toten Bruder. Οἷς ἀπειλεῖ θάνατον ὁ Κρέων. Diesen (den Wächtern) droht Kreon die Todesstrafe an.

6.12 Konditionale Perioden

In konditionalen Perioden (Bedingungsgefügen) gibt der Gliedsatz die Bedingung an, unter der das im Hauptsatz Gesagte gilt. Wichtig: Es kommt nicht darauf an, ob das Gesagte wirklich geschieht oder geschehen kann, sondern darauf, wie der Sprecher es sieht.
Verneinung: εἰ-Satz μή, Hauptsatz οὐ.

① **Eventualis:** Gliedsatz: ἐάν + *Konjunktiv,* Hauptsatz: *Futur*
Ἐάν με ἀδικήσῃς, ἀγανακτήσω. Wenn (Falls) du mir Unrecht tun solltest (Solltest du ...), werde ich mich (gewiß) ärgern.

② **Potentialis:** Gliedsatz: εἰ + *Optativ (Präs./Aor.),* Hauptsatz: *Optativ (Präs./Aor.)* + **ἄν.**
Εἰ ἰατροῦ κατηγοροῖ τις, κρίνοιτο ἄν. Wenn jemand einen Arzt verklagte, würde dieser wohl (wird wohl) verurteilt.

③ **Irrealis**
a. der *Gegenwart:* Gliedsatz: εἰ + *Imperfekt (Aor.)* **Indikativ,** Hauptsatz: *Imperfekt (Aor.)* **Indikativ + ἄν.**
Εἰ μή με ἠδίκεις, οὐκ ἠγανάκτουν ἄν. Wenn du mir nicht Unrecht tätest, würde ich mich nicht ärgern.
(je nach Kontext: Wenn du mir nicht Unrecht getan hättest, hätte ich mich nicht geärgert)
b. der *Vergangenheit:* Gliedsatz: εἰ + *Aor. (Impf.)* **Indikativ,** Hauptsatz: *Aor. (Impf.)* **Indikativ + ἄν.**
Εἴ με ἠδίκησας, ἠγανάκτησα ἄν. Wenn du mir Unrecht getan hättest, hätte ich mich geärgert.
(je nach Kontext: Wenn du mir Unrecht tätest, würde ich mich ärgern)

Während im Griechischen der *Indikativ Aorist* bzw. *Imperfekt* zum Ausdruck eines irrealen Bedingungssatzgefüges dient, steht dafür im Deutschen der Konjunktiv II bzw. dessen Umschreibungen. Weiter ist zu beachten, daß auch hier Imperfekt oder Aorist Indikativ keine Zeitstufen ausdrücken, sondern den Aspekt. Es muß daher aufgrund des Sinnzusammenhangs (Kontextes) erschlossen werden, ob die jeweilige irreale Periode im Deutschen als Irrealis der Gegenwart oder der Vergangenheit übersetzt wird. Die Zuordnung oben unter a und b kann aber als Faustregel gelten.

6.13 Partizip

Partizipien sind von einem Verbum abgeleitete Adjektive (also Nomina) und drücken anstelle eines Haupt- oder Gliedsatzes einen Vorgang, Zustand bzw. eine Handlung *nominal* aus. Sie ermöglichen damit eine gegenüber einem Gliedsatz *verkürzte Ausdrucksweise,* sind aber hinsichtlich der logischen Verknüpfung *undeutlicher* (oder: *„offener"*); der Sprecher verläßt sich also stärker auf den *Kontext.* Das Deutsche kennt diese Ausdrucksweise ebenfalls, sie ist aber weit weniger üblich als im Griechischen. Griechische Partizipien müssen daher in der Regel bei der Übersetzung in Form eines Satzes ausgedrückt werden. Es kommt darauf an, die *Sinnrichtung* dieser Sätze *vom Kontext her richtig zu erfassen.*

6.13.1

a. Attributiv gebrauchtes Partizip: Meist mit dem Artikel; deutsch: wörtliche Übersetzung oder Auflösung mit Relativsatz.

ἡ ἐπιφερομένη ἄρκτος = ἡ ἄρκτος ἡ ἐπιφερομένη – die heranstürzende Bärin; die Bärin, die heranstürzt

b. Substantiviert gebrauchtes Partizip: Meist mit Artikel; deutsch: mit Substantiv zu übersetzen

οἱ λέγοντες — οἱ ἄρχοντες
die Redner — die (hohen) Beamten

6.13.2 Adverbial gebrauchtes Partizip (prädikatives Partizip)

Meist ohne Artikel; die entsprechende **Sinnrichtung** ist **aufgrund des Kontexts** zu bestimmen. Manchmal stehen im Griechischen Signalwörter beim Partizip, die die Sinnrichtung markieren (siehe die angeführten Signale!). Das Partizip im Aorist kann bei entsprechendem Kontext vorzeitig übersetzt werden, das Partizip Präsens ist meist als gleichzeitig zu verstehen.

- **Temporal:** Signal ἅμα; deutsch: während, als, nachdem

Θεωρήσας μόνος καταλείπεται καθεύδων. Nachdem er zugeschaut hat, bleibt er als einziger schlafend zurück.

- **Kausal:** Signal ἅτε (*objektiver Grund* aus Sprechersicht), ὡς *(subjektiver Grund);* deutsch: weil, da (ja)

Τὸν ἔλεγχον φοβούμενος Δόρκων ἔκειτο. Da Dorkon die Entlarvung fürchtete, blieb er liegen.

Ἠδίκουν ἀλλήλους ἅτε οὐκ ἔχοντες τὴν πολιτικὴν τέχνην. Sie fügten einander Unrecht zu, da sie ja keine politische Fähigkeit besaßen.

- **Konzessiv:** Signal καί(περ); deutsch: obwohl

Δεξάμενος αὐτὸς τὸ βιβλίον οὐ δύναται εὑρίσκειν. Obwohl er das Buch persönlich in Empfang genommen hat, kann er es doch nicht finden.

Ὕποπτοι ἦσαν καί(περ) πίστιν ποιησάμενοι. Sie waren mißtrauisch, obwohl sie einen Bund geschlossen hatten.

- **Modal,** deutsch: indem, wobei, dadurch daß, (bei Verneinung) ohne zu

Προσφέρονται ταῦτα ταῖς χερσὶν αἴροντες ὅλα κρέα. Sie führen dies mit den Händen zum Mund, wobei sie ganze Fleischbrocken hochheben.

- **Hypothetisch:** Signal ὡς; deutsch: als ob

Ὁ δὲ δειλὸς διάγει μακρὸν χρόνον ὡς ζητῶν ἐν τῇ σκηνῇ. Der Feige verbringt lange Zeit im Zelt, als ob er suchte.

● **Konditional:** Bei potentialem oder irrealem Kontext mit ἄν; deutsch: wenn
Οὐδὲ χρήματα λαμβάνων διαλέγομαι. Und es ist nicht so, daß ich mich nur unterhalte, wenn ich Geld bekomme.
Οἶδα αὐτὸν θύσαντα ἄν, εἰ ἐδυνήθη. Ich weiß, daß er opfern würde/geopfert hätte, wenn er könnte/gekonnt hätte.

● **Final:** Partizip Futur, Signal ὡς, deutsch: damit, um zu
Ἐντεῦθεν δ' ἐπορεύθη ὡς θύσων. Von dort brach er auf, um zu opfern.

➠ Das Partizip kann auch *beigeordnet* (deutsch: und, daher) oder mit einem *Präpositionalausdruck* übersetzt werden; ggf. ist dabei die *Sinnrichtung* in geeigneter Weise zu kennzeichnen:
Μιμνῃσκόμενοι τῆς καλῆς ὥρας λύπην εἶχον. Sie erinnerten sich an die schöne Jahreszeit; *daher* waren sie traurig./Bei der Erinnerung an die schöne Jahreszeit waren sie traurig.

6.13.3 Genitivus absolutus

Diese Genitivkonstruktion ist insofern vom übrigen Satz „losgelöst", als sie mit keinem anderen Satzglied syntaktisch verbunden ist (wie der lateinische Ablativus absolutus). Der Genitivus absolutus (vgl. dt. *„leuchtenden Blickes", „unverrichteter Dinge"* u. ä.) ist eine adverbiale Bestimmung.
Das **Nomen** (Substantiv oder Pronomen) im Genitiv wird bei der Übersetzung ins Deutsche zum **Subjekt,** das mit dem Substantiv in Kasus, Numerus, Genus übereinstimmende **Partizip** wird bei der Übersetzung ins Deutsche zum **Prädikat.** Bei der Übersetzung gilt hinsichtlich der **Sinnrichtungen** dasselbe wie beim adverbial gebrauchten Partizip (Sinnrichtungen *temporal, kausal usw.*):
τῆς μητρὸς ἀποθανούσης Ἀσκληπιὸς ἐκομίσθη πρὸς τὸν Χείρωνα. Als seine (= des Asklepios) Mutter gestorben war, wurde Asklepios zu Cheiron gebracht.

6.13.4 Partizip als Prädikatsergänzung

Bei Verben bestimmter Bedeutungsgruppen bildet ein Partizip im Nominativ eine inhaltlich unerläßliche Ergänzung des Bedeutungsteils des Prädikatworts (vgl. deutsch „das Auto gehört gewaschen"):

● Verben, die ein *näher bestimmtes Sein* ausdrücken *(Aspektverben):*

Τυγχάνω παρών. Ich bin zufällig anwesend.
Λανθάνω ἐμαυτὸν κακόν τι λέγων. Ohne es selbst zu merken (ungewollt), sage ich etwas Schlechtes.

Im Deutschen wird das Prädikat als Adverb, das Partizip als Prädikat wiedergegeben.

τυγχάνω (jem. zufällig treffen)	+ Part.: zufällig, gerade
λανθάνω (verborgen sein)	+ Part.: heimlich, *(reflexiv:)* ungewollt
διάγω (verbringen)	+ Part.: fortwährend
φθάνω (zuvorkommen)	+ Part.: früher

● Verben des *Anfangens und Aufhörens:*
Ἄρχομαι λέγων. Ich beginne zu reden.
Παύομαι χρώμενος. Ich höre auf zu gebrauchen.

● Verben *der Freude und des Schmerzes:*
Χαίρω ἀποκρινόμενος. Ich antworte gerne.

6.13.5 Akkusativ oder Genitiv mit Partizip bei Verben der unmittelbaren Wahrnehmung

Θεῶνται ἄλλους ἀτιμαζομένους. Sie sehen, daß (wie) andere verächtlich behandelt werden.
Ἀκούω σου λέγοντος. Ich höre dich reden.

6.13.6 „Absoluter Akkusativ"

Von unpersönlichen Ausdrücken kann der Akk. Neutrum des Partizips als „absoluter Akkusativ" auftreten, meist mit *kausaler, konditionaler* oder *konzessiver Sinnrichtung* verbunden, z. B.
ἐξόν da/wenn/obwohl es erlaubt ist/war/wäre/gewesen wäre
δέον, χρεών (<χρὴ ὄν) da/wenn/obwohl es nötig ist/war/wäre/gewesen wäre
Οὐχ ὡρμήθησαν καίπερ δεδογμένον (δόξαν). Wir brachen nicht auf, obwohl es beschlossen war.

6.14 Infinitiv

① **Finaler Infinitiv:** Der Infinitiv tritt im Griechischen (wie im Deutschen) häufig in dieser (ursprünglichen) Funktion auf:
Γράφω σοι ἥκειν πρὸς ἐμέ. Ich schreibe dir, daß du zu mir kommen sollst/Ich teile dir brieflich mit, zu mir zu kommen.

② **Einfache Infinitivergänzung** bei Subjektsgleichheit:
Δόξῃ νομίζω προέχειν σοῦ. Ich glaube, dir an Ruhm überlegen zu sein. (*Ich* glaube, *ich* bin überlegen).

③ **Akkusativ mit Infinitiv (AcI):** Der AcI entspricht einem deutschen **Inhaltssatz** (daß-Satz) und steht im Griechischen bei Subjektsverschiedenheit nach Verben des Sagens und Meinens (als Objekt) und nach unpersönlichen Ausdrücken (als Subjekt). Bei der Übersetzung ins Deutsche wird der **Akkusativ** zum **Subjekt** des „daß"-Satzes (Subjektsakkusativ), der **Infinitiv** wird zum **Prädikat.**
Τὴν σωφροσύνην ἀρετὴν εἶναι νομίζουσιν. Sie glauben, daß die Besonnenheit eine Tugend sei/ist.
Ἐν τοῖς φαύλοις φιλίαν γίγνεσθαι οὐκ ἔξεστιν. Daß unter den Schlechten Freundschaft entsteht, ist nicht möglich.

④ **Nominativ mit Infinitiv (NcI):** In einem Passivsatz kann (entsprechend dem AcI im Aktiv bzw. Medium-Satz) eine Nominativ-Infinitiv-Verbindung Subjekt sein:
Ἡ δικαιοσύνη ἀρετὴ εἶναι νομίζεται. (Es wird geglaubt, daß die Gerechtigkeit eine Tugend sei/ist) Man glaubt, die Gerechtigkeit sei/ist eine Tugend.

⑤ **Infinitiv + ἄν:** Der Infinitiv erhält durch ἄν eine potentiale oder irreale Färbung.
Οἴομαι μέγα ἂν ἀναβοῆσαι τοὺς τοιούτους δικαστάς. Ich glaube, daß Richter solcher Art wohl laut aufschreien würden.
Λέγει θύειν ἄν, εἰ ἐδύνατο. Er/Sie sagt, er/sie würde opfern, wenn er/sie könnte.

⑥ **Substantivierter Infinitiv:** Der Infinitiv wird durch den Artikel des Neutrums substantiviert (vgl. im Deutschen).
ἡ τοῦ θνῄσκειν ἡμέρα – der Tag des Sterbens, der Todestag
τὸ πλέον τῶν ἄλλων ζητεῖν ἔχειν – das Streben, mehr als die anderen zu haben.

Substantivierter Infinitiv mit Präpositionen
διὰ τό – deshalb, weil
Ἀπώλλυ**ντο** ὑπὸ τῶν θηρίων **διὰ τὸ** αὐτῶν ἀσθενέστερ**οι εἶναι.** Sie wurden von wilden Tieren vernichtet, (deshalb) weil sie schwächer waren als sie.
Auch ein AcI kann substantiviert auftreten:
Διὰ τὸ στεν**ὴν εἶναι τὴν** ὁδ**ὸν (Τοῦ** στεν**ὴν εἶναι** τ**ὴν** ὁδ**ὸν ἕνεκα)** ὅλην τὴν ἡμέραν ἡ ἀνάβασις ἐγένετο. Weil der Weg eng war, dauerte der Aufstieg den ganzen Tag.
ἐπὶ τῷ – unter der Bedingung, daß   πλὴν τοῦ – abgesehen davon, daß
ἀντὶ τοῦ – anstatt daß

⑦ **Wendungen mit dem Infinitiv:**
ὀλίγου δεῖν – wenig gefehlt, beinahe   ὡς ἔπος εἰπεῖν – sozusagen

6.15 Der Infinitiv im syntaktischen Vergleich mit dem Partizip

In manchen sprachlichen Kontexten steht im Griechischen wahlweise, doch mit unterschiedlicher Bedeutung, der Infinitiv oder das (prädikative) Partizip zur Verfügung:
① Der Infinitiv drückt in der Regel einen *möglichen* oder *beabsichtigten* Verbalvorgang aus *(Möglichkeit, Gerücht* etc.).
② Das Partizip drückt in der Regel einen *tatsächlich ablaufenden* Verbalvorgang aus *(Wirklichkeit).*

Infinitiv	Partizip
αἰσχύνομαι τἀληθῆ εἰπεῖν – Ich schäme mich (scheue mich), die Wahrheit zu sagen (ich tue es also nicht)	αἰσχύνομαι τἀληθῆ εἰπών – ich schäme mich, daß (wenn) ich die Wahrheit sage (ich tue es)
ἀκούω σε λέγειν – ich höre dich reden (bei der Mitteilung eines bloßen Gerüchts)	ἀκούω σου λέγοντος – ich höre dich reden (unmittelbare Wahrnehmung)
ὁ πολιτικὸς σώφρων εἶναι φαίνεται – Der Politiker scheint besonnen zu sein (es ist möglich)	ὁ πολιτικὸς σώφρων ὢν φαίνεται – Es ist offensichtlich (es zeigt sich), daß der Politiker besonnen ist (er ist es)

6.16 ὥστε – πρίν

Die Konjunktionen ὥστε und πρίν können mit nachfolgendem finitem Verb oder mit Infinitiv auftreten:

① **a. ὥστε mit Indikativ:** Bei *tatsächlicher* Folge.
Οἱ στρατιῶται οὕτως ἐβόησαν, ὥστε ὁ στρατηγὸς ἐφοβήθη. Die Soldaten lärmten derart, daß der Anführer Angst bekam.

b. ὥστε mit Infinitiv: Bei *gedachter* Folge.
Ὁ θόρυβος τοσοῦτος ἦν, ὥστε καὶ τοὺς πολεμίους ἀκούειν. Das Geschrei (der Soldaten) war so gewaltig, daß es auch die Feinde hören konnten.

② **a. πρίν mit Indikativ:** Ausdruck dessen, was *wirklich* geschieht (geschehen ist).
Οὐ πρότερον ἐπαύσαντο βοῶντες, πρὶν χρήματα ἔλαβον. Sie hörten mit dem Lärm nicht eher auf, bis sie Geld bekamen.
b. πρίν mit Infinitiv: Ausdruck dessen, was nur *gedacht* bzw. *möglich* ist.
Οἱ στρατιῶται μέγα ἐβόησαν, πρίν τινα ἀκοῦσαι, ὅ τι λέγοι ὁ στρατηγός. Die Soldaten erhoben ein lautes Geschrei, bevor jemand hören konnte, was der Anführer sagen wollte.

6.17 ὡς (Zusammenfassung)

ὡς gehört im Griechischen zu den „multifunktionalen" Wörtern, die mehrere Aufgaben übernehmen. Seine „Bedeutung" ergibt sich jeweils aus dem grammatischen und sachlichen Kontext.

① Grundbedeutung: wie
② als Einleitewort von Gliedsätzen: (siehe 6.3 Konjunktionen)
- daß, weil
- als
- damit (siehe 6.9 Konjunktiv)

③ beim Partizip als Signal für die Sinnrichtung (siehe 6.13.2 Partizip)
- kausal (subjektiv): weil, da ja
- hypothetisch: als ob
- final mit Partizip Futur: damit, um zu

④ beim Superlativ: möglichst (siehe 2.4.1)

6.18 ἄν (Zusammenfassung)

Die Partikel ἄν [Homer: κέ(ν)] drückt aus, daß die/der vom zugehörigen Verb ausgedrückte Handlung/Vorgang *nur unter Umständen* eintritt bzw. gilt.

① Im *Hauptsatz:*
- ἄν + Optativ: Signal für Potentialis (siehe 6.10.1 und 6.12.2)
- ἄν + Imperfekt oder Aorist Indikativ: Signal für Irrealis (siehe 6.12.3)

② Im *Gliedsatz:*
- ἄν im Relativsatz: Signal für Verallgemeinerung der Aussage (siehe 6.11.2)
- ἄν in Kombination mit einer Konjunktion (ἐπειδάν, ὅταν, ἐάν + Konj.): Signal für Wiederholung in der Gegenwart (Hauptsatz Präs., siehe 6.9.2) oder künftig erwartete Bedingung (Hauptsatz Fut./Imp., siehe 6.12.1).
- ἄν beim Infinitiv oder Partizip: siehe 6.13.2 und 6.14.5.

7 Register

Dieses Register erfüllt zwei Aufgaben:
1. Die **fett** gedruckten Ziffern verweisen auf die Kapitel bzw. Abschnitte von **Grammateion.** Die eingerückten Unterstichwörter enthalten nicht in jedem Fall einen solchen fett gedruckten Hinweis, da sie in der Regel im Kapitel, das zum Hauptstichwort aufgeführt ist, erläutert werden.

2. Die *kursiv* gedruckten Ziffern verweisen auf die Lektionen (L) bzw. Regeln (R; im Beiheft) des Lehrwerks *Kantharos,* (Klettbuch 6701), in denen das jeweilige Stichwort im Lehrgang behandelt wird.

ℹ = „Informationsteil"
! = Abschnitt „Merke"

Griechische Wörter